全球化视野下
中国农村教育问题研究

Study on Problems of China's Rural Education under the Vision of Globalization

李 宁 著

东北师范大学出版社
长 春

图书在版编目(CIP)数据

全球化视野下中国农村教育问题研究/李宁著.—2版.
—长春:东北师范大学出版社,2015.3(2025.4重印)
ISBN 978-7-5681-0314-5

Ⅰ.①全… Ⅱ.①李… Ⅲ.①乡村教育—研究—中国 Ⅳ.G725

中国版本图书馆CIP数据核字(2015)第267615号

□责任编辑:王宏志 □封面设计:李冰彬
□责任校对:曲 颖 □责任印制:张允豪

东北师范大学出版社出版发行
长春净月经济开发区金宝街118号(邮政编码:130117)
网址:http://www.nenup.com
东北师范大学出版社激光照排中心制版
河北省廊坊市永清县晔盛亚胶印有限公司
河北省廊坊市永清县燃气工业园榕花路3号(065600)
2015年3月第2版 2025年4月第3次印刷
幅面尺寸:170 mm×227 mm 印张:14.75 字数:210千

定价:43.00元

目 录

绪论

20世纪50年代，美国经济学家奥多·舒尔茨（Theodore Schultz）提出了人力资本理论。人力资本是体现在人身上的技能和生产知识存量，其内涵是人力资本的载体是人，表现在自身上。人力资本是后天获取的，必然要花费一定的投资才能得到，人力资本的投资能增加未来的收益。人力资源不等于人力资本，只有经过教育和培训，才能成为人力资本。人力资本的增长速度已超过物质资本的增长速度，成为现代化工农业中最重要的发展因素，资本积累的重点应从物质资本向人力资本转移。①

农村人力资本特指通过教育、培训、健康投资和劳动力迁移流动等形式凝结在农村劳动者身上的能力。长期以来，我国对农村人力资本投资及人力资本在现代经济社会中的作用和意义重视不够，导致农村劳动者的素质不高，从而影响和制约了农村的发展。依据人力资本理论，农村的发展主要取决于农村内部的人力资本存量，只有向农村人力资源进行投资，使劳动者的知识和生产技能都得到提高，也就是把自然劳动力资源通过开发投资转化为人力资本，才能推动农村的发展。

在人力资本形成的各种途径中，教育和培训是最重要的，也具有最明显的投资特征。② 教育的主要功能如下：

（1）提升农村劳动力的人力资本水平。具体体现为基本文化科学知识与

① 付婧，李明东，熊正贤．新农村建设的核心问题：农村人力资本的提升［J］．内蒙古农业科技，2007（1）：1—3．

② 毕世杰主编．发展经济学［M］．北京：高等教育出版社，2004：64．

技能、熟练劳动能力、技术工作能力、科学管理能力以及职业变换能力的增进。

（2）普及推广科技知识技能。一方面，通过培养大批掌握生产技术的劳动者，使先前积累的科学知识、生产经验和技术在生产中延续；另一方面，学校的科技活动不仅培养人才，而且促进科技推广和发展。

（3）提高全民素质。新农村建设需要懂科学、懂政治、懂伦理的新型高素质农民，而教育则通过开发农村人口智力，在文化科学知识、技术及形成个性品质等方面，全面提高人口素质。

（4）社会服务功能。农村教育具有实施范围大，对象广泛，实施过程多样化等特点，具有社会服务功能，可促使个体社会化，社会生产生活科学化，有助于社会文化心理形成，农业增效，农民增收。

加入世界贸易组织（WTO），中国将在更大范围内和更深程度上参与经济全球化进程，这有利于进一步推进中国社会主义市场经济体制的完善。有人说，这给中国社会主义市场经济体制改革带来了一张时间表。因为我们对WTO各个领域的市场准入和可以享受国民待遇的各项承诺都是有时间限定的，这不同于我们过去的改革是根据我们自己的发展进程、自己的需要和自己的承受能力逐步地推动。加入WTO，从某种意义上说，使改革有了一张明确的时间表，促进经济结构调整和经济持续快速、健康发展，推动综合国力的提升，从而在更为深厚的基础和更为长远的意义上，为教育发展提供了新的历史机遇。

现在，全国上下都已形成共识，做好加入WTO的各项应对准备，关键是人才，要抓紧实施人才战略。对高层次人才，特别是对科技、经济、法律、管理以及具有全球视野和国际交往能力且熟悉WTO规则的人才的需求极为迫切，这显然有利于推动教育结构和学科专业结构的调整。

同时，教育作为对外开放的重要组成部分，在加入WTO时也作出了相应的承诺，这虽有利于我们更好地利用国外优质的教育资源，借鉴先进的办学和管理经验，但会给我们原有的教育体系、办学格局和管理方式带来冲击，对这些冲击处理得当，将有利于深化教育体制改革和制度创新，进一步推进依法行政和依法治教水平的提高。

事情都有两面性。加入WTO后，中国的人才培养和教育发展面临着严峻的挑战。中国教育能否为在国际竞争中的中国各项事业提供知识、智力、人才的支持，为经济和各行各业培养出高素质的人才，为中国高新技术的创新和产业发展作出贡献，可以说是中国教育面临的最大和最紧迫的挑战。目前，中国国民素质尚不够高，与发达国家相比还存在着明显的差距（从人口平均受教育水平看：发达国家如美国为14年，法国为13年，日本为12年，而中国仅为8年左右）。而且，加入WTO以后，人才培养将在一个更加开放的文化环境中进行，维护教育主权和中国本土优秀文化传统的任务也相当繁重。中国教育的发展、改革和开放，如果不能将沉重的人口负担转化为具有优势的人力资源，如果不能培养出数以千万计的各类领导人才和科技人才，中国的现代化目标就不可能真正实现。

作为一个发展中的农业大国，农业、农民、农村问题依然是当代中国经济和社会发展面临的突出问题，其发展状况将在很大程度上决定着中国现代化的发展进程。

近年来，在中央一系列支农惠农政策的推动下，农村产业结构，农业生产经营方式及科技进步水平都发生了深刻变化，这些变化给农民培训带来了深远的影响。在新的历史起点上，使农民培训适应新阶段农业、农村经济社会发展的需要，适应发展中国特色现代农业的要求已刻不容缓。

当前我国农民整体素质偏低。农业部、中央农广校2006年对全国30个省（直辖市、自治区）132个县、396个乡、1 188个村、10 692户农民进行的抽样调查显示，30%以上的农民只有小学及小学以下文化水平，40%以上的农民科学种养水平亟待提高，80%的农民游离于各类农民专业协会和专业合作组织之外。

教育部门的统计显示：我国现有农村劳动力4.8亿，其中高中以上文化程度的占12.4%，农村劳动力的平均受教育年限为7.3年；农村劳动力中，接受过短期培训的只占20%左右，接受过初级职业技术教育或培训的只占3.4%，接受过中等职业教育的只有0.13%，没有接受过技术培训的高达76.4%。我国进城农民工大约有1.2亿人，其中初中文化程度的占66%。农民工普遍缺乏就业培训机会，技能素质不适应劳动力市场需求的问题十分突出。

农村教育既是农村发展的基础性条件，也是农村发展状况的重要表征。发展农村教育，办好农村学校，是直接关系8亿多农民切身利益，满足广大农村人口学习需求的一件大事，是提高劳动者素质，促进传统农业向现代农业转变，从根本上解决农业、农村和农民问题的关键所在，是转移农村富余劳动力，推进工业化和城镇化，将人口压力转化为人力资源优势的重要途径，是加强农村精神文明建设，提高农民思想道德水平，促进农村经济社会协调发展的重大举措。

第一章　全球化与农村发展

第一节　经济全球化基本理论

经济全球化是当今世界大转折中最突出的特征。自20世纪80年代末90年代初以来，经济全球化迅猛发展，已经成为世界经济发展不可逆转的客观进程，它对世界各国的经济和社会生活产生了深刻的影响。因此，经济全球化是我们面临的重大的理论与现实课题。

一、经济全球化的内涵

“全球化”（globalization）这一概念最早是由美国经济学家提奥多尔·拉维特（Theodre Levitt）1985年在题为“市场全球化”一文中提出的，意指前20年间国际经济的巨大变化，即商品、服务、资本和技术在世界生产、消费和投资领域中的扩散。[①] 但目前尚无权威统一的定义，学术界众说纷纭。从不同角度出发，对全球化有不同的理解和界定。国内一些学者和国外一些有名望的西方学者以及诸如国际货币基金组织等权威机构都有不同的看法。

李长久（1997）和陈宝森（1996）等学者从动态发展的角度出发，提出全球化是资源在全球范围内的自由流动和配置，认为经济全球化主要包括世界统一大市场的形成和扩大，跨国投资的增加，全球金融市场的一体化，信

① Theodre Levitt. *The Globalization of Markets*, *in Kantrow*, *A M*, *Sunrise...Sunset*: *Challengin* the Muth of *Industrial Obsolescence*. New York: John Wiley & Sons, 1985: 53—58.

息交流日趋快捷和方便，生产活动的全球化，生产要素的全球配置等，是全球范围内市场经济一体化的历史进程，是市场经济的全面推进和空前大发展。俞可平（1998）等学者从经济全球化的表现形式和可能导致的后果的角度出发，认为经济全球化是指生产要素以空前的规模和速度在全球范围内流动，一国市场同国际市场的融合，并最终向无国界方向转变的一种过程和现实。

法国学者雅克·阿达（Jacques Adda）、里斯本小组等从生产关系的角度出发，把全球化看做资本主义的全球化或资本主义的全球扩张，本质是资本主义生产方式的全球化。[①] 奥斯特里（Ostry，1997）认为20世纪80年代中期出现的“全球化”一词，在很多人看来，说的是世界经济更加一体化。肯尼迪（Kennedy，1993）认为全球化发展涉及“主体和客体”两者的流动，即货币、服务、货物、人员的流动和跨国组织的产生与发展。与此同时，通信技术和媒体扩展正在逐步消除边界的限制，移动人口更多地跨越国家和地区边界，全球力量的影响使生产地点变得无关紧要，而这一切都推动着一个全球秩序的建立。

1996年联合国贸发会议召开过一次题为“全球化和自由化”的讨论会，参加者有联合国直属机构的官员和专家，如工发组织、开发计划署、儿童基金、跨国公司中心等，也有来自联合国体系内各个专门机构的官员和专家，如国际劳工组织、世界卫生组织、教科文组织等，还有来自与联合国有联系的独立机构，如世贸组织、国际货币基金组织，以及一些大学和研究机构的专家、教授，可见会议具有广泛的代表性，其文件中关于全球化的定义反映了国际上的共识。该定义可概括如下：全球化是世界各国在经济上跨国界联系和相互依存日益加强的过程，运输、通讯和信息技术的迅速进步有力地促进了这一过程。

---

① 里斯本小组．竞争的极限：经济全球化与人类未来［M］．北京：中央编译出版社，2000：50—51．

联合国贸发会议 1997 年的年度报告指出："全球化的概念既指货物和资源日益加强的跨国界流动，也指一套管理不断扩大的国际经济活动和交易网络的组织结构的出现。但今天的世界经济与超国家范式相距还很远，对现状较为恰当的描述是全球在经济上的相互依存，市场、生产和金融活动的跨国界联系已加强到如此地步，以至任何一国的经济都不能不受到国界以外的政策和经济发展的影响。"报告接着又列述了促进全球化的主要因素，即关贸总协定 8 个回合推动的贸易自由化，一系列国家金融管制的放松以及信息技术惊人的发展。

世贸组织 1995 年的年度报告指出："对全球化的定义和描述，首先应着重'质'而不是'量'，它是不同国家的市场和生产日益变得更加相互依存的过程，这是由货物和服务贸易的发展以及资本和技术的流动造成的。"

国际货币基金组织在 1997 年 5 月发表的一份报告中，给经济全球化下的定义是："经济全球化是指跨国商品与服务贸易及国际资本流动规模和形式的增加，以及技术的广泛迅速传播和世界各国经济的相互依赖性增强。"[①]

随着当代科技革命的不断深入，世界各国的经济生活越来越国际化，不同社会制度，不同发展水平的国家都被纳入到统一的全球经济体系中。任何国家都不能也不应该自给自足，都必须与国际经济保持密切的联系。正如联合国贸发会议秘书长鲁本斯·里库佩罗（Rubens Ricupero）所言，生产者和投资者的行为日益国际化，世界经济是由一个单一市场和生产区组成的，而不是由各国经济通过贸易和投资流动联结而成，区域或国家只是分支单位而已。[②]

因此，经济全球化的内涵应是在生产力发展，特别是在科技革命的推动下，市场经济不断深化的体现。这是由于生产要素、商品和服务交易在全球范围内加速流动与扩散，使各国的经济交往不断扩大、相互依赖关系日益增

---

① 国际货币基金组织．世界经济展望［M］．北京：中国金融出版社，1997：45.

② UNCTAD. *Informational Encounter on International Governance*：*Trade in a Globalization World Economy*［M］. Jakarta：Indonesia，1991：19－20.

强，全球经济形成一个不可分割的有机整体的过程和趋势。从此意义上讲，经济全球化主要表现在以下几方面：

第一，经济全球化是生产力发展，特别是科技革命推动的结果，是生产力、科学技术水平发展到一定阶段的产物。

第二，经济全球化是市场经济不断深化的体现。因为各种经济交往只有借助于市场的传送带才能展开；随着市场经济的不断深化，世界市场逐步形成和完善，各种经济活动日益具有全球性。

第三，经济全球化是一个客观的发展过程。它既不是古已有之，也不是最近几十年才出现的现象，它经历了自15世纪以来几百年的发展历程。在这个过程中，它经历了不同的发展阶段，这些阶段既互相连接，又各有特点。经济全球化的程度是一个不断加深的过程。

第四，经济全球化主要表现在各国的经济活动跨越国界和地区在世界范围内展开，生产要素在全球范围内的流动与组合，各国经济之间的相互依赖与融合不断深化。在这种大背景下，任何一个国家都越来越难以脱离世界和他国经济的影响而封闭、孤立地运行，全球经济逐渐成为一个不可分割的有机整体。经济活动的无国界性，生产和消费的世界性，各国经济的相互依赖性是它的显著特点。①

二、经济全球化的动因分析

经济全球化最早溯源于15世纪末至16世纪初。这一时期的地理大发现极大地促进了西欧经济的发展，欧洲殖民者开始在世界范围内进行殖民扩张。虽然此时的社会生产力水平还很低，基本处于手工劳动阶段，但这种掠夺性的殖民扩张，加速了资本的原始积累，使资本主义生产和消费初步具有了世界性的特点，为世界市场的形成和发展奠定了基础。

---

① 姜桂石．经济全球化、区域化与发展中国家的对策［J］．内蒙古民族大学学报：社科版，2004（2）：1—6.

18世纪中叶至19世纪70年代，发生了第一次产业革命，手工业生产逐渐转变为大机器工业生产，生产能力迅速提高。在这种情况下，资本家不断扩大再生产，努力开拓世界市场，更多的国家和民族加入了世界经济体系。到了19世纪末20世纪初，发生了第二次科技革命。这一时期，资本主义进入垄断阶段，国际分工进一步发展，统一的无所不包的世界市场最终形成，资本主义国家的生产迅猛发展，国际贸易与投资发展迅猛，各国间的交往更加密切，自由化程度提高，经济全球化进入快速发展时期。但这一进程被后来发生的资本主义经济大萧条和两次世界大战所打断。

本文主要就20世纪50年代以来，经济全球化获得的迅猛发展，进行简单归纳，主要有以下几个方面：

（1）全球化的技术基础

现代科技的发展是全球化的重要物质手段。[①] 科技革命是经济全球化发展最根本的物质基础和动力，历史上历次科技革命都促进了社会生产力的飞跃发展，同时也促进了整个世界的融合。20世纪50年代以电子技术和信息技术等为主要标志的新的科技革命的兴起，使科技日益成为社会生产力发展的先导，成为影响生产力发展的至关重要的因素。科技知识在社会生产的各个领域中得到了广泛的传播和运用，劳动者的智能和技能得到进一步的开发，创造出越来越多的物质和精神财富，极大地促进了世界生产力的发展，生产社会化程度日益提高，国际分工日益深化，各国经济以此为基础紧密相连，世界经济进入一个全新的繁荣时期。同时，新科技革命使得科技成果积累的速度大大加快，新材料、新产品不断涌现，大量高技术产业不断产生，在世界范围内促进了产业结构的调整和转移，新的产业布局开始形成。以信息技术和产业为主导，以高新技术为基础的新兴产业部门蓬勃兴起并迅速发展，快速取代了传统产业而逐渐成为经济的主导部门推进的重要动力源。此

① 陶林，管新华. 关于全球化的动力系统的理论创新 [J]. 青海民族学院学报：教育科学，2003 (2)：75—77.

外，新科技革命使整个世界经济联系更为紧密。在高新技术领域，任何一个国家都不可能全面领先，必须进行相互配合与协作，才能更好地进行现代化生产。这使得世界各国在经济上的相互依赖程度大大增强，经济发展开始跨越国界，形成全球经济。另外，通讯技术特别是网络技术的极大发展，大大地突破了民族、国家地区的地理、心理和制度障碍，使整个世界经济通过网络连接成为一体，信息传播速度大大提高，大量信息在短时间内即可传遍世界各个角落，一个全新的网络社会正在形成，整个地球日益成为一个小小的“村落”。同时，现代化的交通运输网络初步形成，加速了商品和生产要素在国际间的流动。这些为经济全球化的快速发展准备了必要的物质基础和技术手段。

（2）全球化的经济基础

市场经济体制的强势地位不断增强，跨国公司的突飞发展，国际经济组织的不断完善为经济全球化奠定了坚实的经济基础。

首先，市场经济体制是经济全球化的制度基础。经济全球化的核心内容是资源配置的全球化。市场制度作为资源配置的一种手段，是人类的共有财富。随着经济市场化转轨进程的深入发展，市场经济制度日益全球化，逐渐成为经济全球化的制度基础。① 20 世纪 80 年代末至 90 年代初，世界形势发生了重大变化，东欧剧变，苏联解体，40 多年的冷战格局最终结束。冷战结束后，国际形势总体走上缓和。各国纷纷把发展经济作为首要目标，普遍扩大了对外开放，和平与发展成为当今时代的两大主题。在经济理论领域，新自由主义经济思潮开始取代凯恩斯主义，在世界各地广为流传。他们认为市场是经济运行最根本的机制，鼓吹自由贸易、自由投资及自由市场。这在一定程度上促进了全球范围内生产要素的自由流动和合理配置，推动了各国、各地区经济在市场经济基础上的融合，促进了经济全球化的发展。在苏联和东欧发生剧变以后，苏联和东欧国家先后走上了向市场经济过渡的轨

① 程伟．经济全球化与经济转轨互动研究［M］．北京：商务印书馆，2005：100－101．

道，改行自由市场经济，并积极致力于融入西方经济体系。中国在长期的实践中，也逐渐认识到计划经济的不足和弊端，自1978年起开始实行以市场为导向的、全面的经济改革，大力推行对外开放，加强与西方国家交往，积极参与国际经济循环，努力实现同世界经济的接轨，目前已成为世界经济的重要组成部分。此外，越来越多的国家推行自由主义的发展模式，实行对外开放政策，发展市场经济。这一切都说明，市场经济体制已成为不同制度、不同发展层次国家的共同选择，市场经济已基本实现了全球化，经济全球化是以市场为基础的，没有市场经济就没有生产要素在国际间的自由流动，就谈不上经济全球化。市场经济体制在全球范围内占据了绝对优势地位，世界各国的经济联系进一步增强，经济全球化进入一个全新的发展阶段。

其次，力量不断壮大的跨国公司成为经济全球化的中坚力量。跨国公司是以本国为基地，通过对外直接投资，在世界各地设立分支机构和子公司，从事国际化生产和经营的企业。跨国公司凭借其雄厚的经济实力和灵活的经营战略，以全球为工厂，以它所在的各个国家为车间，在全球范围内充分利用各地的优势组织生产，通过自己广泛的经营活动，实现了商品和资本等生产要素在全球范围内的流通，促进了生产在国家间的水平分工和垂直分工，为经济全球化的发展打下了坚实的微观基础，把世界各国经济紧密地联系在一起，成为经济全球化的主要推动力量和主要载体。从20世纪50年代至今，随着第三次科技革命的发生，社会生产力的提高及运输工具和通信方式的革命性创新，跨国公司的发展极为迅速。第一，跨国公司的数量不断增加。据联合国贸易和发展会议发布的《2002年世界投资报告》提供的数字，截止到2002年全球约有6.5万家跨国公司，在全球大约有85万家子公司。2001年这些跨国公司设在国外的分支机构雇员约有5 400万，而1990年仅有2 400万；2001年销售额19万亿美元，是2001年世界出口额的2倍以上，而在1990年这两个数字大致相等；跨国公司的国外分支机构目前分别占全球GDP的1/10和全球出口的1/3。此外，如果考虑全世界范围与非产权关系有关的跨国公司活动（如国际分包、特许经营、合同制造商等），跨国公司在这些全球性的总额中所占的份额甚至还要大。第二，跨国公司的规模迅速膨胀。特别是20世纪90年代以来，发达国家的跨国公司为实施全球经营战略，纷纷推行强强联合，建立战略联盟，兼并风潮迭起，规模不断扩大。据国际金融机构洛希尔商人银行（Rothschild & Cie）最新分析报告显示，近两年，国际上企业兼并风潮几乎波及所有行业，从财经领域到大众传播媒介，从电信领域到房地产领域，在能源和工业领域尤其活跃。2006年是全球企业兼并最频繁的一年，也是企业并购市场跨境交易规模不断膨胀的一年。2006年全球企业并购交易总额达36 000亿美元，并购量刷新了2000年创下的历史最高记录。[①] 再次，跨国公司的对外直接投资规模迅速扩大。有关资料显示，1945年发达国家的对外直接投资总额为200亿美元左右，1990年为1.7万亿美元，1995年为2.2万亿美元，到2001年达到6.6万亿美元。目前，跨国公司已成为国际直接投资的主体，其投资范围也在进一步扩大。发达国家跨国公司早期的对外直接投资主要集中于基础设施和初级产品行业；20世纪五六十年代主要投向制造业和资源开发；20世纪70年代中期后第三产业成为投资重点；20世纪90年代以来，越来越多的资金投向服务业、技术密集型制造业和高新技术产业。跨国公司的迅猛发展使全球社会化大生产达到新的阶段，国际技术、人才以及文化交流达到新的水平，极大地推动了经济全球化的进程。

最后，国际经济组织是经济全球化发展的组织保障。“二战”结束以后，生产力的不断提高，生产的国际化使得越来越多的商品、资本、劳动进入国际交流，各国的国际分工和相互依赖性不断增强。这种日益增强的经济联系要求突破原有的国家间的障碍，实现全球范围内的更高层次的经济合作，这就要求有超脱于国家之外的国际经济组织发挥重要作用。战后，国际经济组织作用日益明显，国际经济协作不断加强。在当今国际经济关系中，世界银行、世贸组织、国际货币基金组织等世界性经济组织的调节作用越来越大，

---

① 钟燕萍．2006年全球企业兼并规模创历史纪录［R］．驻法国使馆经商处，2007-01-05.

还表现出进一步增强的趋势。1993 年，关贸总协定的最后一轮谈判——乌拉圭回合谈判结束，各缔约方以取消关税和非关税壁垒等对部分民族经济主权实施让渡，并成立世界贸易组织，这标志着世界经济和国际贸易进入了一个新的阶段。世贸组织制定的关于贸易、投资等方面的制度和规则，成为规范全球经济运行，创造自由公平竞争环境的统一制度和规则。作为世界金融领域的重要国际组织——国际货币基金组织（IMF）和世界银行（WB）也在国际金融全球化进程中扮演了重要的角色。在 1997 年的东南亚金融危机中，国际货币基金组织为泰国、印尼、韩国筹措了数以百亿美元的贷款，在一定程度上缓解了金融危机的蔓延。这些国际经济组织的成立使得国际贸易和国际金融运行有了统一的规则，对成员国的经贸活动和经济行为起着协调和规范作用，这些都为经济全球化的发展起制度保障作用。

三、经济全球化的表现

20 世纪 80 年代以来，经济全球化突出表现在以下几个方面：

（1）市场经济体制的全球化。经济全球化是以市场经济体制的全球化为基础的，没有市场经济体制的全球化，也就没有生产要素国际间的自由流动，也就谈不上真正意义上的经济全球化。西方发达国家实行市场经济已有几百年的历史，“二战”后相继取得民族独立的发展中国家也大都选择了市场经济体制。但是大多数学者都认为真正意义上的经济全球化也只是上世纪末的事。正如 1992 年联合国前秘书长加利（Boutros Ghali）在联合国日的致辞中说的：“第一个真正的全球化时代已经到来。”这主要是因为 20 世纪 80 年代末 90 年代初苏联解体，东欧剧变，宣告了“两个平行市场”时代的结束。市场经济原则在全球范围内得到普遍认同和确立，包括中国在内的许多发展中国家也开始从计划经济或混合经济向市场经济过渡，这使得世界上在市场经济条件下生活的人口由 25%一下骤增到 90%以上，世界市场得到统一。目前，市场经济体制已成为不同制度和不同层次国家的共同体制，真正形成了世界性的无所不包的统一的世界市场，从而为经济全球化奠定了制度性基础。

(2) 贸易的全球化作为经济全球化的表现形式，全球性贸易是首当其冲的。“二战”以来，国际贸易总量和规模不断扩大。根据世贸组织资料显示，1948年全球商品贸易额为580亿美元，2000年已达到61 860亿美元，这期间全球商品贸易增长了100倍。同时，全球商品和服务贸易增长率大约是全球GDP增长率的两倍，全球贸易依存度（商品贸易占GDP的比重）由战后初期的7%上升到2000年的24%。[①] 这意味着总的来说，国际贸易在全球经济活动中的地位越来越重要。正如世界贸易组织总干事鲁杰罗（Renato Ruggiero）于1996年5月10日在斯德哥尔摩发表讲话时说的，“经济全球化是被贸易发展推着走的一列高速火车”。在贸易量迅速增大的同时，贸易结构也在发生深刻的变化。过去那种西方发达国家主要出口工业制成品、进口原料，经济落后国家主要出口初级产品、进口工业制成品的状况正在改变。1963—1985年间，发达国家的工业品出口占世界工业品出口比重由83.2%下降到78.8%，发展中国家的工业品出口所占份额则由4.3%上升到12.4%。此外，国际贸易的种类、范围也在不断扩大。它不仅包括商品贸易，还包括技术贸易、服务贸易、劳务贸易，尤其是服务贸易的领域在迅速发展。

(3) 生产的全球化是经济全球化的主要特征，也是推动经济全球化的主要动力。20世纪90年代以来，生产全球化主要表现在以下三个方面：首先，国际分工进一步向广度和深度发展。从广度上讲，参与国际分工的国家和地区已遍及全球；从深度上讲，国际分工越来越细，已由过去单一的垂直型分工发展为垂直型、水平型和混合型多种分工形式并存的新格局。另外，国际分工的形态也呈现出多样化，不仅有生产资源型分工，而且生产工序型和零部件生产专业化型分工日益增多。其次，国际直接投资迅速发展。国际直接投资是一种深层上的通过投资设厂，在生产领域里，在生产过程中把各

① 海闻，P. 林德特，王新奎. 国际贸易［M］. 上海：上海人民出版社，2003：287.

国经济联系起来的方式。1960年国际直接投资额仅680亿美元。到1996年，国际直接投资额发展到32 330亿美元。20世纪90年代以来，国际直接投资增长速度在各项国际经济指标中是最高的。如20世纪90年代的前7年中，国际直接投资的平均增长率为11.8%，而世界贸易的平均增长率和世界GDP的平均增长率则分别为7.7%和3.7%，远不及国际直接投资的增长速度。国际资本流动规模的迅速扩大，成为贸易之外联系世界各国经济的另一重要纽带。

(4) 企业的全球化。信奉全球化战略的跨国公司既是生产和资本国际化的产物，又会进一步促成生产和资本的国际化及全球化。20世纪末，跨国公司的贸易量占全球贸易总额的50%－60%，其对外投资占国际投资的90%，它控制了世界工业生产总值的40%－50%。[①] 跨国公司大大促进了各种生产要素，特别是商品和资本在全球的流通，进一步促进了生产在国家间的水平分工和垂直分工。全球化的发展使跨国公司的生产在全球范围内组织，竞争也在全球范围内展开。进入20世纪90年代以来，跨国兼并的浪潮成为世界经济一道突出的风景线，并有两个突出的特点：一是规模大，二是兼并数量多，涉及金额巨大。这种企业的兼并浪潮，在客观上促进了经济全球化的进程。

(5) 金融全球化和经济信息化。经济全球化的发展使金融进一步自由化。20世纪90年代以来，随着现代电子技术和通信手段的飞速发展，尤其是随着各国对资本流动管制的解除和“电子货币”（信用卡）的流行，货币的国际交换和流动的规模日益扩大，使经济信息资源在全球迅速、准确地传递，这大大推动了金融市场的发展。据统计，目前世界各类资本市场的总规模达35万亿美元，跨国资金流动为7.6万亿美元，全球外汇市场日交易额1.5万亿美元，远高于同期世界各国银行外汇储备的总额。20世纪80年代流行起来的信用卡，进一步推动了金融的全球化。

① 海闻，P. 林德特，王新奎. 国际贸易 [M]. 上海：上海人民出版社，2003：288.

20世纪90年代以来，随着现代科技的加速发展，信息化已成为经济全球化的一个显著特征，信息产业在一些发达国家已取代传统产业而成为支柱产业。信息化对经济的影响，可以从1997年4月美国政府公布的《浮现中的数字经济》(The Emerging Digital Economy) 报告中得到启发。报告中提到截止1997年底，美国和加拿大参与在线购物人数从6个月前的470万人增加到1 000万人，到2002年，电子商务将达到3 000亿美元的规模，世界信息产业的产值将超过1万亿美元。信息产业的飞速发展也改变了传统制造业、商业、金融业的生产组织方式和经营方式。这一切使全球经济活动的速度越来越快，规模越来越大。

(6) 区域经济一体化不断加强和国际经济组织日益健全。世界区域经济一体化的进展自20世纪80年代中期以来明显加快。在欧洲，到1993年1月1日，欧共体实现了在区内实行商品、劳动、资本、人员自由流动的统一大市场，并于1999年1月1日起发行欧洲统一货币——欧元。在亚洲，东盟已由原来6国扩大为9国，并决定在2003年之前，使全部商品贸易的关税率降至5%以内，从而建立起“东盟自由贸易区”，“北美自由贸易区”和“亚太经济合作组织”，这都是区域经济一体化的产物。这种区域经济一体化进一步推动了经济全球化趋势的发展：从产业角度看，一体化组织成员国的产业结构调整使跨区域的产业转移加快；从贸易角度看，区域内贸易自由化，在一定范围内对贸易保护主义有所抑制，有利于削弱不公平贸易；从金融角度看，区域内贸易自由化，能进一步推动金融市场的自由化，从而有利于全球金融市场的一体化。在区域经济一体化蓬勃发展的同时，国际货币基金组织、世界银行和世界贸易组织等作为协调和监督世界经济运行的国际性组织，其权威性和作用越来越明显。在世界经济活动中扮演着越来越重要的角色，正日益成为经济全球化必不可少的一部分。

以上有关经济全球化的六个方面的特征，是对我们所处时代经济生活的全面概括。它们对现实的经济运行既有着各自不同的影响，发挥着独立的作用，又互相制约，互相补充，共同推动着经济全球化的飞速发展。

四、经济全球化的趋势

(1) 新科技革命推动全球生产体系形成。人类历史上正经历一场全球范围的新技术革命，社会、经济、军事领域都在发生深刻变化。科技在现代经济发展中的作用越来越大，一项科技新发现能很快带动一个产业，对一个国家的发展具有决定性的意义。

以信息技术为中心的新科技革命，自20世纪90年代以来全面展开，其特点表现如下：一是高新技术向现实生产力的转化越来越快，高新技术产业在整个经济中的比重不断增加；二是经济与科技的结合日益紧密，世界经济结构调整和重组加速，产业技术升级加快；三是科技革命创造了新的技术经济体系，产生了新的生产管理和组织形式，推动了世界经济的增长；四是各国更加重视科技人才，教育的基础作用日益突出。

信息技术革命把世界经济带入一个新的繁荣增长时期。由于信息技术的特点和现代经济的开放性，信息产业一开始就是全球化的产业经济，而不是仅仅局限于少数发达国家，包括集成电路、微电子计算机、个人计算机、软件、光导纤维等在内的高技术信息产业正快速取代传统产业而成为经济主导部门。以信息技术和产业为主导，以高新技术为基础的新兴产业部门蓬勃兴起并迅速发展，成为推动世界经济的重要动力源。信息技术同科技、经济和文化相结合，形成了新的产业。信息产业革命为全球化提供了技术上的可能。

(2) 生产要素流动的速度提高，规模加大。全球商品、货币、资本、科技、信息、劳动力等生产要素在全球范围的流动加速，其规模迅猛扩大，超过了过去任何时期。全球贸易正以高于世界生产1.5至2倍的速度增长。贸易自由化程度不断加深，国际贸易的规模和范围不断扩大，技术、金融等服务贸易领域迅速扩大。

信息化与国际金融资本的结合使国际资本流动的速度大大加快。全球网络的快速发展，使电子数据交换、电子商务、电子资金转账等得到广泛使用，各国金融日益融合在一起。西方国家的大银行为了提高在国内和国际金融市场的竞争力，出现了一轮又一轮的兼并浪潮。全球多边金融服务贸易谈判达成协议，大大减少了金融机构全球拓展的障碍，使金融全球化的前景更为广阔。区域性经济集团内部金融一体化加速发展，如欧盟统一大市场建立后，银行、保险公司以及投资基金等金融机构的经营在欧盟内已不受国界限制，国内与国际金融市场相融合。同时，金融全球化的发展也使各国政府对金融的控制能力大大削弱。

(3) 企业经营国际化。生产的全球化实现了世界资源的最优配置。企业经营向国际化、全球化的方向发展，其突出特点是：企业经营以全球战略为出发点，以全球市场为目标，企业在全球范围内配置资源，寻找最适当的生产地，资源配置不再受国界的限制。各国成为世界生产的一部分，成为生产价值链中的一环。这种以全球为工厂，以企业所在国为车间，利用各国的比较优势组织生产的经营方式，大大促进了各种生产要素在全球的流通，促进了生产的全球分工。

高新技术的发展，融资手段和方式的多样化，以及各国对企业跨国经营放松管制等因素，都对企业经营的国际化起到了积极的推动作用。

(4) 国家间的竞争由争夺自然资源为主转向以科技创新竞赛为主。当今国际社会，就国家利益而言，相互依存程度不断加深，已是时代的特征和趋势，同时，国家间的竞争也日益激烈，并在一定程度上具有残酷性，也是客观的现实。国家间的经济竞争，一方面表现为全球范围内的为取得资源优势的竞争以及扩大市场份额的竞争，另一方面也表现为技术创新和制度创新的竞争。从经济竞争的角度观察，科技创新在国际竞争中的作用越来越大，国家间的竞争正转向以科技创新竞赛为主的竞争。

(5) 世界经济的知识化。按经济合作与发展组织（OECD）《以知识为基础的经济》一书的阐释，知识经济是指直接依据知识和信息的生产、分配和使用的经济。就其内涵而言，主要表现在三个方面：其一，知识资本或知识资源成为主导资本或主导资源；其二，知识产业成为知识经济的支柱及主导产业；其三，知识的生产和再生产将渗透和影响综合国力和社会生活的各个领域。

在当今知识经济浪潮风靡全球的形势下，经济全球化也显露出明显的知识化倾向①：

① 世界范围内科学技术的迅猛发展加速了全球产业结构演进的进程，国际范围内的生产分工日趋深化；

② 科技创新在国际范围内得到普遍重视，最新科学技术成果的拥有量成为国际经济竞争的新热点；

③ 科技联系成为国际经济联系的主要内容之一，跨国联合科学研究项目日益增多；

④ 电子商务掀起了国际贸易领域一场新的革命，它冲破了国家间设置的一切障碍，使国际贸易走向无国界贸易；

⑤ 信息贸易兴起，促进了国际贸易商品结构的高级化、软化以及贸易总量的不断扩大，贸易信息化时代已经到来；

⑥ 电子计算机及网络技术的发展，使得“网络经济”的发生成为可能，全球经济联系得到空前发展。

第二节　全球化影响农村发展的基本国际经验

一、全球化的总体影响

认识全球化的总体影响，笔者认为就应该像认识硬币的两个面一样。从经济发展角度来看，我们从这个“硬币”的正面至少可以发现“比较优势”

① 樊杰．经济全球化与区域发展［M］．北京：人民教育出版社，2002：28．

和“后发优势”这样两个重要特征；从其背面来看，我们可能会发现不少国家或地区由于全球化的影响而出现了一系列的失效问题。

（一）积极影响

1. 比较优势

全球化过程中的比较优势现象是指由于不同国家或地区具有不同的资源状况，从而形成不同的比较价格，这样，通过国际贸易、国际投资等经济活动可以促使不同的资源在全球得以充分有效的利用。从这个角度讲，自由的国际贸易可以为贸易的各个方面带来好处。也正是从这样的基本理论出发，劳动力丰富的穷国也是可以从全球化过程中受益的，因为大量的劳动力（包括各类受教育程度不高的廉价劳动力）也是可以通过不同的方式而得以全球化使用。因此，戴维·道勒（David Dollar）等著名经济学家认为，不论是穷国，还是穷人，都可以从全球化过程中受益。所以，全球化是有利于发展中国家加快发展，有利于穷国缓解贫困的过程（Dollar，2001；Dollar and Kraay，2000）。这样的观点在我国也已被不少经济学家所论证，且已被许多经济学家和政府决策人士认可。

2. 后发优势

全球化过程中的后发优势是指全球化有助于后发国家或后发地区（或称发展中国家或发展中地区）在借鉴发达国家或发达地区发展经验的基础上，集中有限资源，率先在某些领域重点突破而实现跨越式发展（胡必亮，2003），从而在比较短的时间内在这些方面赶超世界先进水平。这样的情况通常在科技发展领域表现得比较明显。例如，我国“神舟”六号载人航天飞船的成功发射与顺利返回预定地点，“中国芯”的研制与进入国际市场，电动汽车科学研究与市场化应用取得的突破性进展，中国主导的3G标准TD－SCDMA的国际化与市场化，百度搜索技术的成功研发，“三网融合”的有益探索等等，都是很好的例证。从这些例证中可以看出，发展中国家在发挥后发优势实施跨越式发展战略方面潜力巨大，意义深远（胡必亮，2003）。

（二）消极影响

从全球化的另一方面来看，它可能会给许多国家或地区带来一系列的失效问题。这样的情况往往更容易在发展中国家或地区出现，因为与发达国家相比，这些国家或地区在市场结构及政府治理结构等方面均不成熟，法制环境通常也在完善，政府的行政能力也比较差。

1. 市场失效

全球化的重要特征之一在于自由价格的全球竞争形成自由的国际贸易与国际投资格局，这就直接强化了国际市场对各个国家或地区经济增长的作用。如果一些国家或地区的自由市场和价格体系发育不成熟，价格信号失真和扭曲，垄断的力量仍然很强，再加上它们在基础设施方面如果也存在许多制约因素的话，就会导致这些国家或地区出现市场失效的问题。

2. 政府失效

由于全球化过程同时也会带来不同制度下形成的商业规则与治理原则的融合，发达国家与地区在这样的融合过程中通常在政治、经济、文化等各方面都居于主导地位。因此，许多国际规则都是基于发达国家或地区的相关经验制定的，发展中国家或地区的情况则相去甚远，加上其文化背景、市场经济与民主政治的发育程度，政府行政能力等差别的影响，当国际化大潮到来后，这些国家或地区的规则、制度、政策等就比较容易受到冲击。如果再加上公共部门存在的腐败与寻租因素的影响，政府的政策制定与执行都有可能出现严重的扭曲现象，即出现我们通常所说的政府失效问题。

3. 目标失效

由于出现政府失效的问题，不少发展中国家或地区的政府最初确定的许多很好的发展目标最终都难以得到具体的实施与落实，这就叫政府的目标失效。这一问题在社会建设事业与公共投资方面通常表现得比较突出，即政府规划、承诺的许多社会基础设施建设项目最终都实施不了。造成这一问题的直接原因通常包括预算开支不足，主要行政管理人员的职位发生变迁，官僚作风严重，政治腐败等等。

不少人认为，正是由于全球化过程容易造成发展中国家或地区出现这样一系列“失效”影响，所以，20世纪60年代以来，许多非洲国家和地区，特别是撒哈拉沙漠以南非洲地区，以及加勒比地区和拉美地区，还有南亚一些国家的经济与社会发展状况不仅没有得到积极的改善，反而更加恶化。这是当今世界上不少人反对全球化的一个重要原因，他们认为全球化使我们以上提到的发展中国家和地区的经济增长发生了更加严重的波动，贫困不仅没有减少，反而有所加剧。

二、全球化影响农业和农村发展

毫无疑问，当全球化浪潮席卷而来时，自然会影响参与全球化过程的各国或各地区的农业与农村发展。从国际经验来看，发展中国家或地区在这方面受到的影响通常集中体现在国际贸易自由化对这些国家或地区小农方面的影响，即主要体现在对于比较贫穷国家里的比较贫穷的人的影响方面。

一般的看法认为，由于农业和农村发展领域与其他部门和领域相比，有着更加严重的“市场失效”、“政府失效”和“目标失效”问题，所以，相对而言，全球化给农业和农村发展更有可能带来不利影响。

这样的看法不是没有道理的。农村往往位于相对偏远的地区，不论是道路、交通基础设施，还是通信、信息基础设施，都比城市和工业区落后，因此农民对于市场特别是对于国际市场的敏感程度（或者说对国际市场供给反应的弹性）一般比城市和工业区要差（弹性低）。所以，农村和农民往往不容易抓住国际市场的商机。也就是说，农业和农村的“市场失效”比其他部门更明显，更严重。同时，由于发展中国家在发展战略上通常受“城市倾向”的影响，农业和农村发展一般都处于受歧视状态，不太受政府重视，这也意味着“政策失效”在这些国家或地区的农业与农村发展中是一个重要问题。在存在比较严重的“政策失效”的情况下，即使农民有了认准国际市场的机会，但由于发展中国家小农自身的投资能力非常有限，同时又很难得到正式金融机构的融资支持以及其他相关的各种服务支持（如技术、信息、运输等），所以他们实际上是很难从全球化的国际贸易中获利的。

因此，在全球化过程中，当一个国家或一个地区的经济增长不能使这个国家或地区的穷人受益，或者说其受益程度大大小于该国或该地区的富人阶层的受益水平时，改变这种状况的必要性和努力也就势在必行了。世界银行在 20 世纪 70 年代初期就已经意识到了这一问题，并提出了调整和转变发展观的看法。根据世界银行当时的观点，许多发展中国家需要从单一地强调经济增长，转到在重视经济增长的同时也充分重视重新分配增长所带来的利益的分配机制，特别是要关注和解决穷人的问题（World Bank，1974）。此后，世界银行进一步于 20 世纪 80 年代初提出了解决穷人的基本需求问题，主要是食品需求问题，90 年代初开始转向讨论为穷人提供社会基础设施问题，如卫生、教育等问题（World Bank，1990），21 世纪初又开始强调为穷人分享经济增长成果而建立良好的体制与制度问题（World Bank，2004）。

第二章 中国农村地区应对全球化的情势分析

随着中国经济外向性的不断提高，全球化对中国的影响越来越大，实际上已经涉及中国经济、政治、文化与社会的各个方面，涉及工业、农业和服务业，城市和农村。2001年，经过长达16年的努力，中国加入了世界贸易组织（WTO），越来越多的外商投资企业进入中国，世界制造业的中心出现了逐渐向中国转移的势头，这意味着中国与国际社会的关系进入到一个新阶段，全球化对中国的挑战也进入到一个新阶段。2004年，我国外贸进出口总额达1.15万亿美元，跃居世界第三位，相当于国内生产总值的70%；实际利用外商直接投资606亿美元，居发展中国家首位。[①] 我国经济的快速增长已成为推动世界经济增长的重要力量。

但中国目前至今仍停留在二元经济结构阶段，城乡之间、工农之间的差别很大，适应全球化挑战的能力各异。总体而言，无论是城市还是农村，无论是工业还是农业，其国际竞争力都有待于进一步提高，但相比于城市、工业，中国的农业、农村和农民的国际竞争力更薄弱，适应全球化挑战的基础更差。加入WTO，对中国这样的转型中经济来说，具有重大的政治和经济意义。WTO是按照一整套适应市场经济规则要求的法律法规运作的政府间组织。对中国农业来说，认同这一整套法律体系，并履行加入WTO的承诺，将会面临国内国际双重竞争，并出现国内农产品市场国际化，国内竞争

① 宗爱强．如何理解“十一五”规划《建议》的重大意义［N］．新华网，2005-10-21.

国际化的新趋势。在农民就业、收入压力越来越大，市场化改革尚未完成之时走向国际化，全球化不仅会对农产品价格、农民就业和收入产生深刻的影响，而且会对中国的农业经济体制改革和政策调整产生深刻的影响。

作为一个农业大国，我国绝大多数人口居住在农村，以农业为主要收入来源的人口占很大比例。所以，分析全球化对中国“三农”的影响，意义十分重大。从国内生产总值的构成看，我国工业的重要性远远超过了农业，城市的重要性远远超过了农村，但农业和农村的发展是提高城市和工业应对全球化能力的重要基础。

第一节　中国农业、农村、农民面临的挑战

面对全球化的挑战，我国农业、农村和农民面临很多新的问题，突出表现在以下几个方面：农产品国际竞争力不足，农业支持政策不合理、不到位，农业产业化组织程度低，农民收入增长空间受限，农业资源与环境保护的压力增大。

一、加入 WTO 对我国农产品国际竞争力的不利影响

1. 明显削弱我国土地密集型农产品的国际竞争力

我国人均可耕地少，大多数土地用于种植人们生活不可缺少的粮棉油作物。随着土地产出率的不断提高，近几年我国粮食生产成本以 10%以上的速度增长[①]。现在，我国粮棉油等大宗农产品的市场价格均大幅度高于国际市场价格，小麦价格比国外高 43%，玉米高 80%，大豆高 79%，豆油高 56%，花生油高 53%，原糖高 83%，略高于国际市场价格的只有棉花（高

① 韩俊. “入世”呼唤提高农产品国际竞争力 [J]. 农村工作通讯，2000 (1)：23.

7%）和大米（高1%）[①]，难以与国外同类农产品进行价格竞争。同时，根据中美达成的农业双边协议，在2005年之前允许中国对小麦、玉米、大米、棉花、豆油等商品实行关税配额管理，粮食关税配额将达到2 000万吨左右[②]，而1999年我国进口的粮食、棉花和食用植物油总量为552万吨，这一配额高于我国实际粮食进口数量3.6倍之多。据报载，中国加入WTO之初的2002年1月，美国输往中国的农渔林产品高达2.84亿美元，较2001年同期增加49.88%；美国对中国农产品贸易顺差迅速扩大，由2001年同期逆差0.17亿美元转为顺差0.71亿美元，特别是受中美农业双边协议关税配额管理的影响，2002年1月中国自美国进口的大宗谷物比2001年同期增长了75.95%[③]。大量进口土地密集型农产品虽然有利于节约我国的耕地资源，但由于粮食等大宗农产品是一种生产周期较长，结构调整难度较大的特殊产品，大量进口不仅需要外汇，还会对国内大宗农产品的生产和市场流通产生较大冲击，从内部进一步削弱我国土地密集型农产品的国际竞争力。

2. 对我国一些原在国际竞争力上具有比较优势的农产品产生冲击

加入WTO后，在农业框架协议有关规则的约束下，我国一些农产品原有的比较优势将会下降。据专家测算，到2005年，我国小麦、玉米、棉花、大豆和油菜籽的比较优势度将分别下降21.19%、16.36%、21.36%、40.38%和13.21%，社会净收益将分别下降21.4%、30%、30%、58.5%和59.5%[④]，生猪（农户散养）、大米、烤烟、甘蔗、苹果等产品的国际竞争力也将受到一定冲击，但影响较小，仍是具有比较优势的产品。

3. 关税减让和削减非关税贸易壁垒不利于我国对农产品国际竞争力的保护

长期以来，世界各国特别是西方发达国家都注意运用关税贸易措施即

---

① 贾保华. 加入WTO对中国农业的新挑战［J］. 福建改革，2000（3）：18.

② 朱泽. WTO与我国农业政策调整［J］. 学习·研究·参考，2000（2）：16.

③ 栾婕. 美国对中国农产品贸易顺差迅速扩大［N］. 中国经济时报，2002-06-17（4）.

④ 程国强. WTO农业规则与中国农业发展［M］. 北京：中国经济出版社，2000：89—154.

WTO农业框架协议允许的“绿箱”政策，保护本国农业和农产品的国际竞争力。我国则主要是依赖进口许可证、进口配额及其他非关税措施，保护农业和农产品的国际竞争力。加入WTO后，由于农产品关税只能减不能增，而我国因关税减让基期即1986—1988年大部分农产品的价格低于国际市场价格，关税化后的关税等值为负值，无法使用贸易规则规定的关税化手段来保护农业和农产品的国际竞争力。同时，由于各种非关税措施将被禁用，使我国也不能用传统的保护手段保护农业和农产品的国际竞争力，这些都会对我国农产品的国际竞争力产生不利影响。

4. 西方发达国家的技术壁垒对我国农产品国际竞争力产生不利影响

在WTO农业框架协议下，成员国用关税贸易措施保护本国农业和农产品国际竞争力，会受到明显限制。为加强对本国农业和农产品国际竞争力的保护，世贸组织很多成员特别是西方发达国家都利用WTO农业框架协议允许各个成员国采取正常的以保护人类健康、动植物生命安全及其生长为目的的措施，构筑起标准苛刻的技术壁垒。例如，从2001年7月1日起，欧盟对茶叶进口实行了更严格的农药残留量标准，检验种类由6种扩大到62种，大幅度降低农药残留限量指标，提高检验标准10—100倍，个别达到200倍；又如，2002年1月，日本对中国进口的蔬菜检测指标由6项增加到40多项，而且要批批检查；再如，欧盟将从中国进口的蜂蜜检验标准突然提高100倍，并对其认为污染水（海）域的水产品完全禁运。这些都对我国农产品出口产生不利影响。据估算，2002年中国农产品出口因绿色壁垒造成的直接和间接损失达100亿美元，而2001年中国农产品出口额为170亿美元。仅欧盟大幅度降低茶叶农药残留量标准一项，就使2001年中国对欧盟的茶叶出口减幅超过37%[①]，而要使土地中的农药残留量减至标准以下，至少需5年左右。

---

① 龚震．农产品出口必须跨越绿色壁垒［N］．国际商报，2002-07-31（2）．

二、农业支持政策与我国农产品国际竞争力的关系

农业的国内支持政策要按照世贸组织的规则进行调整。入世之后，政府不能对农产品的出口进行补贴，但对农产品国内生产还可以给予补贴。WTO《农业协议》允许的补贴分为三类，即“绿箱”政策、“黄箱”政策和“蓝箱”政策。

“绿箱”政策是指那些由政府提供的，其费用不转嫁给消费者，并对生产者不具有价格支持作用的政府服务计划，这是成员国无须承担削减义务的补贴，共有12项。① 我国现已使用的“绿箱”政策有6项，分别是政府的一般服务支出，用于粮食安全目的的公共储备补贴，国内粮食援助补贴，自然灾害救济支出，农业环境保护补贴，落后地区援助补贴。其余6项政策未运用的主要原因是施政载体的缺失。

“黄箱”政策是指那些由政府向农产品、农业生产要素的生产者提供的直接价格补贴，包括对种子、化肥、灌溉等农业投入品的补贴，以及农产品营销贷款补贴等。由于“黄箱”政策有碍于农产品自由贸易，所以WTO对“黄箱”政策的实施力度有明确的规定，即发达国家对农业的“黄箱”补贴不可超过农业产值的5%，发展中国家为10%，中国特别一些，为8.5%。我国农业中的“黄箱”补贴目前主要包括价格支持措施，即粮棉保护收购价格以及农业生产资料补贴。

“蓝箱”政策是指那些与限制生产计划相关，不计入综合支持量的补贴，成员方不需要承担削减义务。我国政府发放给农户的退耕还林补贴，就具有这种性质。但从总体上看，由于我国仍处在“吃饭农业”阶段，政府的财力又很有限，在短期内尚不具备实施“蓝箱”政策的条件。

我国目前的农业补贴政策在实施中存在的问题如下：

（1）补贴政策利用得还不充分，在“绿箱”政策中，对生产者的直接支

---

① 许晓曦．探索入世后的中国财政补贴［J］．国际经贸探索，2004（4）：48－51．

付，不挂钩的收入支持，收入保险和收入安全网计划中的政府资金补贴，通过资源停用计划提供的结构调整援助，农业生产者退休或转业补贴等6项补贴政策尚未使用。

(2) 在现有的“绿箱”政策中，有些补贴用于大江大河、城市防洪等方面，而没有用在农业生产发展上，如农业基础设施建设。

(3)“黄箱”政策利用也不充分，特定产品的支持力度更低。

(4) 按可达到的综合支持量8.5%计算，我国的“黄箱”政策还有非常大的补贴空间。

(5) 补贴重点不够明确。农业补贴几乎覆盖到农产品生产和流通的方方面面，具有补贴面广且分散，针对性不强等短期化倾向。

(6) 重流通环节补贴，轻生产环节补贴。多年以来，国家为了保证城乡居民粮食等主要农产品供应，给予了粮食等主要农产品购销差价以大量的补贴，这就相应地减少了对生产环节的补贴，影响到农产品竞争力的提高。

三、农业产业化组织程度与我国农产品国际竞争力的关系

加入WTO以后，中国农业的市场竞争将由国内同质同构的小农户之间的竞争，扩展到与国外强大的对手间的竞争。我国农业不仅平均生产规模极小，产业的组织程度也极低。缺乏有效组织的小农与有发达的服务体系支持的农业跨国公司、农业综合企业、合作社、行业协会，乃至由农产品出口国组成的凯恩斯集团等竞争，其力量之悬殊是不言而喻的。这使我国农业在竞争的起点上就处于非常不利的地位。

须要强调的是，农业产业化组织程度低，不仅是我国农业基础脆弱，后劲不足，比较效益低和缺乏竞争力的重要原因，而且它造成的负面影响也不会随着技术水平的提高和资金的充裕而得到缓释。如何尽快消除我国农业组织制度层面上的缺陷，将是我国农业应对WTO的最大挑战之一，这一问题的解决将对我国农业竞争力的提高产生重大影响。

农业产业组织程度低还使我国农业缺少实施“绿箱”政策的载体。受

WTO农业协议框架的约束，加入WTO以后，我国农业宏观政策要从以调控价格为主转向以实施“绿箱”政策为主，“绿箱”政策的内容一般以政府服务、粮食安全、农业环保等为主要内容，这些政策的实施必须依靠介于政策与农户之间的组织载体进行。至今为止，我国的农业产业组织结构仍以政府—农户的两极结构为主，政府和农户之间缺少各类服务组织、行业协会、农民组织等，以致一些有利于农业发展的“绿箱”政策因载体缺位而难以落到实处，我们习惯运用的政府行为却由于缺乏透明度而备受指责。可见，在加入WTO以后的贸易政策对接过程中，我国农业缺乏施政载体是应对全球化面临的又一挑战。

我国现存的多部门条块分割的农业管理体制，将农业的产供销、农业与相关产业的关系人为地分离开来，妨碍了农业的产业化经营，损失了农业的比较利益，也加大了政府管理农业的成本。这样一种农业管理体制不仅无法应对全球化的冲击，而且体制缺陷的危害性将会在我国融入全球经济一体化的过程中变得越来越严重。诚然，加入世贸组织也为解决这一问题提供了历史机遇，创造了十分有利的强制性制度变迁的外部环境条件。从基本国情出发，立足于对我国农民利益的保护，积极改进我国农业组织资源配置和进行新一轮制度创新，是应对加入世贸组织挑战的必然选择。

四、入世给我国农民收入带来的挑战

目前我国农民收入主要分为两个部分：一是农业经营收入，二是非农业收入。因此，分析入世给我国农民收入造成的影响应从这两个方面入手。

1. 农业经营收入

目前我国的农业经营收入是农村居民收入的主要构成部分，在农民纯收入中的比重20世纪80年代占70%以上，90年代虽趋于下降但仍占60%以上。而农业经营收入中直接来自农产品的收入占了大半，因此分析入世对我国农产品的影响是分析农民收入的出发点。入世对我国农产品的影响可以从以下三个方面分析：

从价格方面讲，我国主要的农产品如小麦、玉米、大豆、棉花以及油菜等的生产成本较国外偏高。据有关资料显示，我国每千克小麦的生产成本是美国的 1.2 倍，是阿根廷的 1.4 倍，是加拿大和法国的 2 倍多；每千克玉米的生产成本是美国和阿根廷的 1.1－1.2 倍，是法国的 2 倍多；大豆的生产成本大约是主要大豆出口国美国和阿根廷的 1.2－1.3 倍，棉花和油料作物的价格同样较国外偏高。① 所以价格偏高是造成我国农产品出口困难的一个重要原因。从质量方面讲，我国的农产品同样缺乏竞争力。当今世界农产品的竞争日益由价格方面的竞争转到质量方面的竞争，因此许多国家在进口农产品时对农产品的农药残留，生长激素的使用，生物技术的使用等都提出了一定的限制要求，而我国大部分的农产品都很难达到这一要求。因此，质量方面的劣势同样给我国农产品的出口带来负面影响。

从总产量方面讲，入世后我国的农产品将面临总产量减少的冲击。据美国农业局的一份研究报告分析，中国入世后，会使国内稻米、小麦、棉花、植物油等农产品出现不同程度的减产，减产幅度在 1.4%－37%之间。据中国农科院预测，到 2005 年，玉米国内生产将减少 1 100 万吨左右（减产 8%），小麦生产减少 440 万吨左右（减产 4%）。大豆、油料作物、糖料作物等其他农产品的总播种面积和总产量也会相应减少。总产量的减少必然会影响农民的收入和农村经济的长远发展。

入世后，根据 WTO 的有关协议规定，我国将在 5 年内取消所有的配额和数量限制，而农产品的进口关税也将削减到 14.5%－15%，而且对国外农产品的进口不得使用非关税措施。这些措施的实施必然会导致国外高质量廉价农产品的大量涌入，从而有可能造成以种植业生产为主的农民收入的下降，影响其发展粮食生产的积极性，尤其是那些以种植业为主且收入水平较低的中西部地区的农民。

① 郭占庆．加入世贸组织对我国农民收入的影响及其对策［J］．农业经济问题，2002（6）：30－33.

2. 非农业收入

近几年全国农民的平均收入还在增长，其主要的增长点则来自非农业的收入。1997 年农民收入总量中来自农业的收入占 44.5%，来自非农业的收入占 55.5%；1998 年收入增量是 72 元，农业收入减少 28 元，非农业产业收入增量是收入增量的 139%；1999 年收入增量是 48 元，其中农业收入减少 53 元，非农业收入增加 101 元，是收入增量的 210%；2000 年农民纯收入比上年增加 43 元，农民人均从农业得到的收入比上年减少 48 元，非农业收入增加 91 元，是纯收入增量的 212%。因此，分析入世对我国农民非农业收入的影响是分析农民收入变化的一个关键点。

首先看来自乡镇企业的工资收入。目前，我国乡镇企业的增长速度开始回落，经济效益出现下滑趋势，因此吸纳农村剩余劳动力的能力下降，农民从乡镇企业得到的劳动收入的增幅下降。入世后，我国一些规模较小、设备落后、职工素质不高的乡镇企业受到严重的冲击，一些机电、化工、医药等弱势行业的产品无法和国外同类产品抗衡，因此一些乡镇企业的兼并破产在所难免，这必然会使农村剩余劳动力的转移受阻，给农民增收带来困难。乡镇企业的从业人员 1996 年达到 1.35 亿人，2001 年降到不足 1.3 亿人，这也反映了市场和技术的变化。

其次是来自外出打工的收入。近几年由于经济体制改革，导致城市下岗职工增加，再加上一些城市采取某些措施来限制农村劳动力的流入，使农村劳动力的转移受阻。入世后，一方面，我国的某些行业将面临严重的冲击，其本身对劳动力的需求会出现下降趋势，另一方面，一些发展较快的新兴产业面对激烈的国内国际市场竞争，对劳动者的素质提出了更高的要求，从而使农村剩余劳动力的转移更为困难。

我国现在正处在工业化任务尚未完成，信息化时代已经到来的阶段。这个阶段的一个重要特征是，资本和技术对劳动的替代趋势越来越明显，同样的投资创造的就业机会比以前要少得多。也就是说，我国农村人口转移的宏观环境，与先行发达国家在工业化初期的情况相同。资本和技术对劳动的替代，对于大规模转移农村人口在客观上带来了一定的障碍。农业创造的GDP占GDP总量的比重逐年下降，占全社会50%的农业劳动力只创造15%的GDP，这是农民难以富裕的根本原因。农民必须向非农业部门转移。当前的情况是，增长最快的行业主要是IT、网络、通讯、金融等产业，它们对经济增长的贡献最显著。但这些产业最大的特点是资金和技术的高度密集，资本的有机构成高，对从业人员的素质要求也高，农民即使有机会转移出来也很难进入这类产业。

与1996年相比，2000年从事农林牧渔业的劳动力不仅没有减少，反而还增加了537万人。这表明，农业剩余劳动力无论是“离土不离乡”的就地向农村非农产业转移，还是向城镇非农产业转移，都遇到了新的困难。据有关专家预测，入世后中国农民将有966.2万人失业，这必然形成新的就业压力，给农民的就业增收带来严重影响。

还有一部分是来自农村家庭经营非农产业的收入。近些年由于国家在金融、税收等方面的优惠政策，使得农村中的个体、私营经济有了较快的发展，这对于吸纳农村剩余劳动力，增加农民收入作用明显。入世后，我国的个体、私营经济将面临更好的发展机遇，对农民增收将继续发挥推动作用。但由于这部分收入在农民总收入中所占比重较小，难以弥补其他方面给农民收入带来的冲击，因此短期内对农民总体收入的提高作用不大。

五、全球化对我国农村资源与环境保护的影响

在融入经济全球化的进程中，国际资本、国外技术和产品对中国经济增长的正面影响很快就能显现出来，而且易于度量。污染技术转移、自然资源消耗速率上升和生产废弃物增加等不利于中国可持续发展的负面影响则相对隐蔽一些，而且不易度量。人们容易被易于观察到的现象所陶醉，却难超前地对难以观察清楚的负面影响保持警觉。人们认识上的这种不对称性的消除，在很大程度上取决于农村资源保护和环境管理的水平。从这个意义上讲，全球化一方面对农村资源和环境管理提出了更高的要求，另一方面也对

农村资源保护和环境管理产生了更大的压力。

面对来自国外农产品的竞争压力，我国农村的某些地区有可能采用过度耗用资源甚至损害环境的做法，这种做法在短期内可能是有效的。例如，粮食的增产有利于化解粮食进口的压力，羊绒出口的增长有利于农民收入和外汇收入的增加。但从长期来看，化肥、农药使用量的继续增加，有可能使已经很严重的非点源污染进一步加剧，灌溉用水的继续增加有可能使地下水位下降速率进一步加剧，载畜量的持续增加则有可能使已经很严重的草场退化现象进一步加剧。诸如此类的现象不仅会对我国农村的资源保护和环境管理造成巨大的冲击，甚至有可能使我国农村陷入农民贫困，资源退化，环境恶化的恶性循环，从而危及中国农业的可持续发展。

随着中国开放程度的不断提高，涌入我国的国际资本会越来越多。它们同中国的廉价劳动力和低价的自然资源相结合，会使中国成为世界级的劳动密集型产品和资源密集型产品的生产中心。这种结合在短期内肯定是有效的，并具有双赢的特征。但从长期看，又确实存在着自然资源消耗速率大大加快，甚至存在生态代价外部化或延期支付的可能性。尤其是在我国的低端技术与跨国公司的高端技术相结合的情形下，这种合作很可能造成自然资源和生态环境的严重破坏。例如，国际上的抗癌新药紫杉醇的生产，实际上已使我国的红豆杉资源遭到了毁灭性的破坏。再如，大量使用污染技术的制鞋企业进入我国农村地区，造成了严重的空气污染、水污染和水环境污染。可见，全球化既会促进自然资源利用的竞争，同时也会加大自然资源管理的难度。

从总体上看，全球化是有利于我国的生物多样性保护的。然而，在缺乏协调机制的情形下，生物多样性保护确实有可能制约社区的经济发展，这种情形主要存在于政府划定的自然保护区内。由于缺乏瞄准机制，公共财政的转移支付只做到了与生物多样性丰富的贫困地区连接，却未能很好地做到与贫困农民连接，其结果是公共财政转移支付的最大受益者是该地区的政府机构，而不是贫困地区的穷人。

第二节 “三农”核心的农民问题：弱势群体及其出路

当前我国“三农”问题的严峻性有发展阶段的原因。在相当长的一个时期，我国“三农”问题的严峻形势不能根本消除。但是，对于“三农”问题必须引起足够的重视。在过去的十几年中，尽管我国国民经济以7%以上的速度增长，但是农业几乎成为一个无利可图的产业，农民的收入基本停滞不前，而且大部分农民的收入基本是下降的。在加入世界贸易组织的情况下，国内大部分农产品价格将远远高于国际市场价格，通过大幅度提高农产品价格来提高农民收入是不可能的。离开农村进入城市寻找工作是农民摆脱困境的基本选择，但是这些进城农民并没有因为进入城市而改变自己的社会地位，在身份上他们依然是农民，城市的福利，包括子女受教育的权利与他们无缘。由于农村人口众多，农村劳动力的转移将是一项长期的任务，但是农民的弱势地位和不利处境将使他们不断为更大的生存空间抗争。目前，农业仍然是中国可持续发展的重要基础，农民问题解决不好，有可能危及社会的稳定以及实现小康社会的基本目标。

一、农村劳动力转移是农民收入持续增长的关键①

如何才能根本解决农民收入增长问题，缩小城乡差距？这方面的政策建议很多，包括提高农产品的收购价格，增加政府给予农民的补贴，提高农业的技术投入和生产率，调整农业生产结构，等等。但仔细分析起来，这些政

① 林毅夫．解决“三农”问题的关键在于发展农村教育、转移农村人口［J］．职业技术教育，2004（9）：31，34－35．

策建议未必能达到预期的效果，而且不见得能够持续推行。

首先，以提高农产品收购价格来说，中国农产品价格提高的空间很小。中国已经加入世界贸易组织，农业贸易自由化是世界贸易组织正在举行的“多哈回合”谈判中的核心问题，可预期的是农产品贸易将越来越自由化。中国农民主要生产粮食。而中国的粮食价格已经非常接近国际价格，有些产品，如玉米、小麦，其价格有时还高于国际价格。在农业贸易将更为开放的前提下，基本没有继续提价的空间。更何况从长远发展的角度来看，人民币会升值，进口农产品的价格会更低，因此提高农产品价格这种在计划经济时期和改革开放初期相当有效的提高农民收入的政策，是很难继续作为增加农民收入的政策措施来长期使用的。

其次，给予农民补贴。由于这几年农民收入水平低，增长缓慢，社会上有许多呼声要求政府给予农民直接的收入补贴。这一政策措施是世界贸易组织框架下所允许的，中国加入世贸组织时的协议规定，中国政府给予农民的补贴可以达到农业总产值的8.5%。在2002年，中国的农业总产值是27 390亿人民币，8.5%即为2 328亿。目前，中国政府给予农民的补贴只有780亿，即还有1 548亿的补贴空间。但问题在于，中国现在的农业人口占总人口的72.6%，即农业中还有9.3亿人，即使加上这1 548亿的补贴，农民的收入也只不过人均提高166元，而2002年的城乡平均人均收入差距达5 226元。所以，对农民来说，补虽然比不补要好，但实际意义不大。而且，除非给予农民的补贴的增长能够以比城市居民收入增长更快的速度来增加，否则补贴并不能缩小城乡收入差距。但是要这样做有两方面的困难：一方面，在世贸组织的框架下不允许给予农业这么多的补贴；另一方面，中国现在的农业人口占总人口的72.6%，不可能依靠27.4%的城市人口的税收来实现大幅度提高农业人口的收入。在欧洲、美国和日本，政府给予农业人口的补贴很多，但是这些国家的农业人口很少，通常不到总人口的3%，而中国的农业人口占72.6%，因而，依靠补贴来提高农民收入、缩小城乡差距在目前阶段是不可行的、难于持续的。

第三个方法是提高农业生产的科技投入，增加农业产出水平。这项政策的问题在于，新的技术出现后，第一个采用的农户能增产又能增收，但是所有的农民都采用以后，常常会出现增产不增收的情形。这与农产品本身的特性有关，农产品的价格弹性很低，供给增加一点点，价格就会下降很多。中国有一句古语“谷贱伤农”，提高农业生产力的结果往往是产量增加，市场价格降低，农民增产不增收。所以单靠增加科技投入，提高农业生产力水平，也不能作为大幅度增加农民收入的措施。

第四个经常被提到的方法是农业产业结构调整以及农业产业化，增加优质农产品的生产。但是，农产品还有一个特性，即农产品的收入弹性特别低。居民收入增加以后，对各种农产品，包括优质农产品的需求增加不多，所以经常出现结构调整、产业化经营以后，生产的优质农产品多了，价格也同样下跌，农民收入的实际增长有限。

所以，上述的传统政策思路并不能长期、持续大幅度提高农民收入。要长期持续提高农民收入，最根本的，而且是唯一可行且可持续的办法是减少农业人口，把农村的劳动力从农业转移到非农产业。实现了农村劳动力向非农产业转移对农民收入的增长会有两方面的效果：一方面，转移出来的农业人口由农产品的生产者变成了农产品的需求者，农产品价格会相应提高，从而克服了农产品收入弹性低和价格弹性低对农民增产增收的先天制约；另一方面，一部分农业人口转移出来以后，留下的农业生产者人均可用的土地等资源就会增加。这两方面都可以增加留在农村的人口的收入。从中外的历史经验来看，能够使农村人口的收入快速增长，使城乡差距不会扩大甚至越来越小的有效政策就是减少农业人口。任何一个国家在发展初期，主要劳动力都在农村，但是工业化、现代化以后，农村、农业人口通常都在5%以下。欧洲、美国是如此，东亚的经济也是如此：日本在1950年时，务农人口占48%，现在只有3.9%，后来的新工业化经济，如韩国，1950年农村人口达74.3%，现在只有8.8%左右。

中国自己的经验也和上述外国的经验吻合，改革以后到“三农”问题被认为比较严重的这一段期间：从1978年到1984年的这一阶段，主要是靠家庭联产承包责任制提高农民的生产积极性；1985年以后，乡镇企业迅速发展，农民离土不离乡，从农业生产者变成农村的工业生产者，吸纳了1.2亿劳动力，农民收入继续增长；进入1990年代以后，大量的农村劳动力进入城市成为农民工。到1995、1996年期间，大约有1亿农村劳动力转移到城市非农产业。由此看来，离土不离乡转移了1.2亿，离土又离乡转移了1亿，所以，农民的收入持续增长。

在1990年代末以后“三农”问题变得严重，主要原因是1998年以后。中国出现了通货紧缩，生产能力严重过剩，新增投资减少，从而减少了新的就业机会，农民很难继续转移出来。另一方面，很多企业开工不足，一部分农民工遭解雇，农村流动出来的劳动力出现回流。而且，在1980年代中期以后，利用短缺经济的空挡大量发展起来的乡镇企业，在全国生产能力普遍过剩的情况下出现了大量的破产，原来离土不离乡的农村劳动力又从非农产业回流到农业。新增的农村劳动力难于顺利转移到非农产业，而已经转移出来的劳动力又回流到农业，因此，引起了社会普遍关注的“三农”问题。

上述分析，无论是理论的推论还是中外的历史经验，都表明增加农民收入的根本途径就是将农村劳动力由农业向非农产业转移。只有实现了农村劳动力不断的、大量的从农业转移到非农产业，才能有效地提高农民收入。一部分劳动力转移出来以后，留在农业的劳动力要生产足够的粮食、农产品供城市人口消费，就要求农业科技水平的提高。城市的收入水平提高以后，对农产品品种质量的要求也会不断提高，从而要求进行农业结构调整。这样，提高农业生产率，产业结构调整等政策才不至于出现增产不增收的困境。

二、科学文化素质低带来的农民转移难度分析

1. 农民科学文化素质的现状

人口学家指出，人口素质是指在一定的生产力水平、一定的社会发展阶段和社会制度下，人口群体认识世界、改造世界的条件和能力，它主要包括

身体素质、科学文化素质和思想道德素质。在人口素质结构中，科学文化素质是核心内容。人口的科学文化素质是其自身全面素质形成的基础和不断提高生产技能素质和思想道德素质的基本前提。这一概念同样适合农民这个群体。

衡量人口科学文化素质的指标主要有文盲率，各种文化程度的人口所占比重，人均受教育年限等。从总体上看，近年来我国农村劳动力的学历结构层次有了很大提高，但是就整体而言我国农村劳动力的文化程度的层次还很低，主要表现在以下几个方面：

（1）低于发达国家农民的受教育水平。世界发达国家拥有一大批智力型农民，如法国 7%以上的农民具有大学文凭，60%的青年农民具有中专水平；德国 7%的农民具有大学文凭，53%的农民受过 2—3 年的职业培训；日本农民中大学毕业的占 9%，高中毕业的占 74.8%①。教育部门的统计显示，我国现有农村劳动力 4.8 亿，其中高中以上文化程度的占 12.4%，农村劳动力的平均受教育年限为 7.3 年，而世界平均水平则是 11 年，美国 13.4 年，英国 14 年，法国 13 年，② 说明我国离人口资源强国的距离还相当大。

农业部、中央农广校 2006 年对全国 30 个省（市、区）132 个县、396 个乡、1 188 个村、10 692 户农民进行的抽样调查显示，30%以上的农民只有小学及小学以下文化水平，40%以上农民的科学种养水平亟待提高，80%的农民游离于各类农民专业协会和专业合作组织之外。③

此外，在农村劳动力中，接受过短期培训的只占 20%左右，接受过初级职业技术教育或培训的只占 3.4%，接受过中等职业教育的只有 0.13%，没有接受过技术培训的高达 76.4%。我国进城农民工大约有 1.2 亿人，其

---

① 王怀明，宋怡．我国农民素质对农业可持续发展的影响［J］．人口与经济，2004（1）：1—5．

② 梁沂滨．中国：迎接第 13 亿个婴儿的到来［N］．经济日报，2005 - 01 - 05（13）．

③ 李瑞．加强农民培训体系建设刻不容缓［N］．中国财经报，2007 - 11 - 29．

中具有初中文化程度的占66%。[①] 农民工普遍缺乏就业培训机会，技能素质不适应劳动力市场需求的问题十分突出。

(2) 低于我国二、三产业从业人员的受教育水平。根据全国第五次人口普查资料，在2000年我国第一产业的从业人员人均受教育年限为6.79年，仅相当于初中一年级的文化程度，半数以上为小学及以下文化程度，全国文盲、半文盲90%以上集中在农村。第二产业从业人员人均受教育年限为9.44年，相当于高中一年级入学的水平，其中大专以上文化程度的人员所占比重为5.95%；第三产业人员人均受教育年限为10.97年，相当于高中二年级的文化程度，本科及以上文化程度占5.74%，研究生学历的比例占0.41%。[②] 这说明农业劳动力要转变成为二、三产业从业人员，首先要解决受教育水平较低的问题。

(3) 文盲梯队客观存在。由于各种因素的影响，学生辍学现象严重。东北师范大学农村教育研究所在对辽宁、吉林、黑龙江、河南、山东、湖北等省14个县17所初级中学进行的一次调查显示，学生平均辍学率为40%，其中初二学生流失最多，著名学者杨东平称这种现象为“初二辍学高峰”[③]。因此可以说我国农村目前存在着一支庞大的文盲梯队，每年大约有200万人不断“充实”本应该自然递减的文盲大军，而且原有脱盲的人口中，又有20%的人重新沦为文盲。

2. 科学文化素质低下带来农民转移难度分析

影响农村剩余劳动力转移的因素是多方面的，如城市化的滞后发展，乡镇企业发展速度趋缓导致容纳能力下降，下岗人员增多使城市自身的就业形势严峻，农村劳动力科学文化素质低下等。但在众多因素中，农村剩余劳动力科学文化素质低下是瓶颈因素。长期以来，农业剩余劳动力在向非农产业转移过程中，高学历、高素质者具有优势地位，转出的比重大，学历低、素

① 李瑞. 加强农民培训体系建设刻不容缓 [N]. 中国财经报，2007-11-29.

② 张文显，张洪涛. 我国职业技术教育发展的若干趋势 [J]. 职业技术教育，2004 (13)：13—15.

③ 彭冰. 厌学而非贫困，破解农村初二辍学现象 [N]. 中国青年报，2004-06-14.

质低者处于劣势地位，转出的比重低，造成了老弱病残和科学文化素质低下者留守农村的局面。要在此基础上加大农村剩余劳动力的转移强度，达到减少农业从业人员的目的，根本之策就是提高农民的科学文化素质。科学文化素质低下的农村劳动力在向非农产业转移中存在的主要问题如下：

（1）转移率低。劳动生产率较高的非农业生产部门的组织形式、科学技术水平、生产管理形式和经营方式，相应地要求较高文化素质和工作能力的劳动力与之匹配，文化素质低的农村劳动力难于与之匹配，而只能与农村传统农业和传统手工业相适应。非农产业的企业对低素质劳动力的培训成本高，使企业对低素质的劳动力需求呈下降趋势；使乡镇企业的技术进步，带来资本有机构成的提高，增长方式转变及市场激烈竞争等多种因素影响，乡镇企业容纳农村剩余劳动力的数量逐步减少，而对从业人员素质的要求却在不断提高。非农产业的门槛提高后，使科学文化素质低的农村劳动力转移率低，如 1998 年我国文盲半文盲、小学、初中、高中及以上文化程度四类农民中，流向非农产业的比重分别为 4.69％、16.72％、38.46％和 40.80％。[①] 农民文化素质越高，成功转移的比例就越大。

（2）就业岗位的层次低。由于从农村转移出来的劳动力其科学文化素质明显低于全国迁移人口的平均水平，如 2001 年全国当年转移的农村劳动力中，初中以下文化程度的占 86.4％，[②] 他们在技术含量低的劳动密集型行业从事着以体力劳动为主体的工作。根据第四次人口普查资料，农村劳动力的就业岗位从第一位到第十位分别为：瓦工、抹灰工，采矿、采石工，家具、营建木工，装卸搬运，缝纫工、缝制工，力工，砖瓦制造工，织布工，针织工，皮革制品制造工，[③] 属于“粗、重、脏、苦、险”的岗位。可见只有农民的科学文化素质提高了，农村剩余劳动力转移的岗位层次才可能逐步提

① 呼应，刘钟钦．浅析提高农民素质与增加农民收入［J］．农业经济，2001（3）：23－24.

② 雷世平．发展职业教育是解决农村剩余劳动力转移的治本之策［J］．职业通讯：江苏技术师范学院学报，2003（6）：4－6.

③ 屈小娥．论我国剩余劳动力转移的有效途径［J］．山西统计，2002（8）：11－12.

高，进而才能提高农村剩余劳动力的转移率。

（3）收入低。农民工的收入水平与学历高低有明显的正相关关系。据调查，不同文化程度的农户从事农村二、三产业而获得的收入不同，文盲户、小学户、初中户、高中户和大专户的非农业收入占农户现金总收入的比重分别为58.8%、66.8%、72.5%、77.5%和81.9%。[①] 农民科学文化素质越高的农户获得的非农业收入越多。一般来说，一个人受教育水平越高，他与相邻较低层次的人相比收入差距越大。其根本原因在于，劳动生产率与劳动者文化程度呈现出高度的正相关。联合国教科文组织的研究成果表明：与文盲相比，小学毕业可提高生产率43%，初中毕业可提高生产率108%，大学毕业可提高生产率300%。[②] 据研究，城市外来劳动力受教育年限越长，就越有可能进入正规劳力市场，其收入也可能越高；在非公有领域，工资反映不同科学文化素质劳动力的稀缺程度，技能型劳动力的工资大大高于非技能型劳动力。[③] 只有农民的受教育水平提高了，在所有的行业里农民都可以与其他行业的人一样公平竞争，农民才会主动放弃比较利益较低的农业转向其他各业。

（4）转移的巩固率低。转入非农产业的农村劳动力尤其是科学文化素质低下的农村劳动力，不敢完全摆脱农业，仍利用闲暇时间或用家庭辅助劳动力来经营农业，季节性特点较明显，农闲时务工经商，属于“亦工亦农式”的转移，科技文化素质低下的劳动者中的大多数人就业层次低、不稳定，一旦受到国家宏观经济环境的影响，就容易造成向农村的大量回流现象，而且文化程度越低回流率越高，学历水平高的农民，相比之下他们的学习能力强，接受新知识、新技能快，应变能力强，在非农产业的就业及转岗能力强，转移的稳定性相对较强。2004年由于农村收入增加，而转移出去的低素质农民工收入低，使得这部分农民返乡而不愿意向城镇转移，导致在多个

---

① 呼应，刘钟钦．浅析提高农民素质与增加农民收入［J］．农业经济，2001（3）：23－24．

② 张文显，张洪涛．我国职业技术教育发展的若干趋势［J］．职业技术教育，2004（13）：13－15．

③ 梅金平．不确定性、风险与中国农村劳动力区际流动［J］．农业经济问题，2003（6）：34－37．

沿海地区发生“民工荒”现象。

三、农村教育与发展农村经济

无论是农村劳动力向非农产业转移，或是产业结构调整，还是提高科技投入水平，都与农民的素质有相当大的关系。如果农民的受教育水平比较高，素质比较好，离开农业进入非农产业以后就能比较容易掌握需要的新知识、新技能；同时，也更容易适应城市生活，转移所带来的摩擦会比较小。留在农村的劳动力在产业结构调整过程中，生产新的作物也需要新的知识，只有具备了较高的素质，才能掌握新的耕种、施肥、灌溉等方面的技术。科技投入水平的提高也要求农民具有较高的素质以掌握更新的、动态的、甚至是风险比较大的新技术。劳动力素质决定于教育水平的高低，因此，农村教育成为农村经济持续发展的一个重要保证。

第三节　新形势下农村教育解读

农村教育仿佛是一个不言自明的概念。然而，在全球化的今天，在全面建设小康社会的进程中，中国农村的发展被置于更为重要的地位，农村教育具有“基础性、先导性、全局性的重要作用”①。着眼于全面建设小康社会的目标与要求，农村教育应予重新认识与解读。

一、农村教育的传统释义

在传统的教育学语境中，农村教育具有特定的指谓与涵义：

（1）农村教育是与城市教育相对应的概念。长期以来，我们对农村教育的界定，是与中国存在的城乡二元经济结构紧密联系的。城乡二元经济结构

① 李永贤．关于加快发展农村教育的思考［J］．清华大学教育研究，2004（3）：116－120．

导致了二元教育结构。尽管在国家教育政策文本或经典教育学教科书中，我们很少见到关于农村教育是与城市教育相对应的教育的表达，但实际上，无论在观念层面或在实践层面，农村教育已成为一种区别于城市教育的教育。当我们言说农村教育之时，实际上也是在用一种心中默许的标尺来言说一种区别于城市教育或允许落后于城市教育的教育。新中国成立以来，尤其是改革开放以来，在全国范围内包括在广大农村地区实现了普及九年制义务教育，这是我国教育发展取得的令世界瞩目的成就。与此同时，我们不能不注意到，即使在义务教育领域，城乡之间的差距依然存在。发达城市地区义务教育的政策环境和发展水平与贫困农村地区义务教育的环境和发展水平相比不可同日而语。坦诚地看待这一问题，或许我们并不能把导致这种差距的所有原因归之于客观，事实上形成这种差距的一个很深刻的原因是与我国社会二元结构的制度安排相关。在这样的制度安排下，即使我们百般重视农村教育的发展，也或明或暗地存有一种轻视农村教育的倾向。

（2）从整体上看，农村教育是一种层次偏低，结构与功能比较单一的教育。由于农村教育是对应于城市教育，因而也是一种区域性、地方性教育，这样在传统的教育视野中，农村教育也被看成一种层次偏低、结构与功能较为单一的教育。所谓层次偏低，是指较长时期以来，我们把农村教育主要定位于农村中的“双基”教育。农村发展本身的不平衡又使得“双基”教育在不同农村地区有不同的发展要求与目标。对于较发达的农村地区而言，“双基”教育的重心是普及九年制义务教育和全面扫除青壮年文盲；对于欠发达农村地区而言，“双基”教育的重心是普及小学教育与初步扫除青壮年文盲。中国普及九年制义务教育采取城市有别、地区有别的分步实施策略，这固然向国际社会展示着中国实施全民教育的成功经验与特色，但从中可以感受到城乡教育机会的差别，同时也使我们认识到这样的分步实施策略实际上有悖于社会主义条件下应有的教育平等与公平的理念。农村教育层次在总体上的偏低是与对农村教育的认识及对农村人的认识相关。当然导致这种状况又有着更为深刻的经济与文化原因。另一方面，农村教育结构、功能的较为单一也是一种积习已久的弊端。农村教育的低层次导致其偏重于普通教育或正规教育之一维。多样化的农村教育结构因教育层次的偏低而难以有效地拓展。改革开放以来，我国农村教育的结构调整虽然在不断进行，但进行中的艰难亦明显可见。农村教育结构的较为单一无疑又使得教育功能难以获得恰当的释放与发挥。

(3) 在较长时期内，农村教育是一种试图将培养目标确定为培养安于农村、安于农业的人才教育。在重视与发展农村教育的过程中，一直较强烈地存在着一种试图校正农村教育培养目标的导向。对农村教育实践所持有的较为激烈的批评往往指向农村教育在培养脱离农村、脱离农业的人才。农村教育的发展应有鲜明的目标导向，但农村教育目标如何确定，却需要科学地认识与探讨。在较长时期内，我们对农村教育目标的褊狭的认识，既与中国社会二元结构的制度安排有关，又与小农经济意识与观念的长期影响有关。应该承认，在一定程度上农村教育应该培养安于农村、安于农业的人才，然而，由于农村本身处于现代化变革过程中，这决定着农村教育又不能将培养目标只是如此简单确定，尤其是不能仅仅确定为培养安于传统农村与传统农业的人才上。对农村教育培养目标认识的偏颇在实践上产生着一种事与愿违的效果，它阻碍着农村教育多样化的发展。

二、全面建设小康社会中的农村发展与农村人力资源开发

我国提出全面建设小康社会的奋斗目标，一方面是因为我们已经具备在一定范围、一定层面达到小康水平的基础，另一方面则是针对“现在达到的小康还是低水平的、不全面的、发展很不平衡的小康”而言的。[1] 所谓“低水平”，是因为中国迄今农村人口众多，尽管国民生产总值已居于世界前列，但人均国内生产总值同发达国家相比仍处于较落后的水平（农村人口比例较

[1] 江泽民. 全面建设小康社会，开创中国特色社会主义事业新局面：在中国共产党第十六次全国代表大会上的报告［R］. 中国教育报，2002-11-18.

大本身是国家现代化发展水平不高的表现）。所谓“不全面”和“发展很不平衡”，乃是因为在较大面积的农村地区，人民生活虽然达到“温饱”，但距离“小康”尚有一定差距，同时仍然存在贫困农村地区，且贫困人口不在少数。正是为着消除这种“低水平、不全面、发展很不平衡”的状况，我国确立了在新世纪初叶全面建设小康社会的奋斗目标。由于这一目标是指向“全面建设惠及十几亿人口的更高水平的小康社会”，所以农村人口奔小康对于全面建设小康社会也就具有特别重要的意义。在全面建设小康社会的目标框架中，农村的发展也就被赋予新的要求与期待。

首先，全面建设小康社会要求实现农村经济的全面繁荣。其次，全面建设小康社会要求加快中国的城镇化进程，实现农村人口更大规模的转移。城镇化水平是国家现代化水平的重要标志。其三，全面建设小康社会要求农村人口的受教育水平和健康素质明显提高。全面建设小康社会的奋斗目标，要深刻体现出以人为本位的发展观。提高全民族受教育水平和健康素质是全面建设小康社会奋斗目标的重要内容，又是推进全面建设小康社会的动力与保障，而提高全民族的受教育水平和健康素质，关键在农村。其四，全面建设小康社会要求改善农村生态环境，促进人与自然的和谐。

全面建设小康社会对农村发展的新的期待实质上是对中国农村进一步向现代化转型与变革的期待，农村发展亦因此被赋予新的涵义。在农村向现代化发展的过程中，农村人的发展始终是发展的主题与核心。世界现代化发展给予人类最重要的启示是：现代化发展以人力资本积累为先导。中国农村的现代化发展，热切呼唤农村人力资源的开发。

（1）农村经济的全面繁荣呼唤人力资源的开发。首先，中国农业的发展必须走农业现代化道路，而农业现代化本质上是现代科学技术在农业上的广泛应用。改革开放以来，随着中国农村农业经济的不断发展，广大农民已普遍建立了“一靠政策，二靠科技”的共识与信念。当农业生产向广度和深度进军之时，政策与科技的作用已融为一体，而“科教兴农”则成为中国农村发展、农业发展的新的政策与支持力量。农业发展对科技的更深刻的依赖无疑要求提升农业劳动者的素质，开发农村人力资源。国际发达国家通过开发人力资源实现农业现代化的经验已是众所周知，无需赘述。其次，农村非农业经济发展对农村人力资源开发同样有着深刻的需求。农村非农业经济发展主要是指农村乡镇企业和第三产业的发展。在经济全球化和中国已加入WTO的背景下，中国农村非农业经济的发展也将面临日益激烈的市场竞争，这种竞争的核心是劳动者素质的竞争。但现实是，当今农村劳动者素质不高，并成为制约农业经济与农村非农业经济发展的重要障碍。因此，全面提升农村劳动者素质，大力开发农村人力资源，已成为发展农村非农业经济和全面繁荣农村经济的迫切需要。

（2）推进城镇化与实现农村人口转移呼唤农村人力资源的开发。推进城镇化要求实现农村人口更大规模的转移，而要顺利实现农村人口的转移，必须以提高农村劳动者素质为前提。在市场经济条件下，人口的流动本质上是劳动力、资本以及技术信息等各种生产要素在国家宏观经济调控下市场配置的综合反映。“在城乡劳动力的总供给大于总需求的既定条件下，中国现在进行的结构调整导致的主要不是周期性或摩擦性失业，而是结构性失业，即现有城乡劳动力的数量和质量不适应产业结构升级和新兴产业发展对劳动力的需求。相对于庞大的仅能从事简单劳动的农村剩余劳动后备军来说，大中城市为从事简单劳动的农村劳动力提供的就业机会仍是极为有限的。”[①] 推进城镇化，则包含着应有更多的农村剩余劳动力在城市就业，或转化为城镇人口。中国社会发展的这种要求已经同农村劳动力素质现状形成矛盾。只有当庞大的农村人口群转变成丰富的人力资源时，农村人口才具有进一步拓展转移的可能性与现实性。正是在这种意义上，我们需要通过深入开发农村人力资源以促进农村人口转移。

（3）改善农村生态环境，实现社会可持续发展呼唤农村人力资源的开

① 张晓山．深化农村改革，促进农村发展：三大制约因素，一个基本认识，两类政策措施［J］．中国农村经济，2003（1）：4－12．

发。改善农村生态环境，实现社会可持续发展是从一种更深的层面与更新的角度对科技发展及对人力资源开发的理性诉求。防止水土流失，控制土地荒漠化，减轻化学污染，保护耕地，提高耕地质量，等等，这一切都要求中国国民更理性地对待人与自然的关系，更科学地运用人对自然的征服力、改造力。中国社会的可持续发展归根结底要依靠一代代国民具有可持续发展的意识、素养与能力来实现。全面开发农村人力资源，将在整体上提高农村人口的科技素养与文明素养，因而也是在整体上提高全体国民的科技素养与文明素养。中国农村的现代化发展本身是为中国社会的可持续发展。全面繁荣农村经济，促进农村人口的转化，改善农村生态环境及促进人与自然的和谐，这是中国社会实现可持续发展的内容与要素。这种可持续发展深深蕴含着对人的发展的要求。

三、重新解读农村教育

面对全面建设小康社会对农村发展与农村人力资源开发的要求与期待，我们需要重新认识农村教育，重新解读农村教育。

（1）农村教育是一种大教育，是指一切可能且应该为农村现代化发展服务的教育。在传统的教育语境中，农村教育是一种区位概念，是与城市教育相对应的教育。农村教育实际上被理解成农村中的教育。强调教育为农村发展服务，也是强调农村中的教育为农村发展服务。强调农村中的教育为农村发展服务固然有其强烈的必要性，且也应该继续发挥重要作用。然而，在全面建设小康社会的进程中，鉴于农村的现代化发展对教育更广泛、更深刻的需求，要求农村教育超越传统的范围与模式。农村教育的区位概念应该转化为功能概念，即农村教育应该定义为：为农村现代化发展服务的教育。为农村现代化发展服务的教育固然包含着农村中的教育，但它不囿于农村中的教育。这种教育既可能发生在农村，也可能发生在城市。它既指农村中的教育要强化为农村发展服务的功能，也指城市中的教育要强化为农村发展服务的功能。概言之，它是指中国当代各级各类教育要努力为农村现代化发展服务。因为中国农村现代化发展是中华民族的伟大事业，并不只是农村人的事业。即使农村现代化要求通过农村人的主体性活动去实现，要求全面提升农村人口的素质，但全面提升农村人口素质，开发农村人力资源也并不是仅仅可以通过农村中的教育就可以达成的。它需要全社会的教育关注于农村的发展，服务于农村发展。所以将农村教育诠释成“为农村现代化发展服务的教育”，从而使农村教育获得一种新的更宽阔的理解，有着现实的必要性。

（2）农村教育是与时俱进、动态发展的教育。农村的现代化发展寓含教育的发展，同时也依靠教育的发展。农村教育因而应是与时俱进、动态发展的教育。在全面建设小康社会的进程中，与时俱进的农村教育的重要指谓是：农村教育需要调整与改善传统的较为单一的结构与低层次模式，向着多层次、多形式、综合化、整体化的教育迈进。

首先，作为为农村现代化发展服务的教育，它不仅强调发挥基础教育的服务功能，而且也要求拓展与增强中等教育、高等教育为农村发展的服务功能。着眼于全面提高农村人口素质和开发农村人力资源的需要，我们要进一步加强在农村人口中实施基础教育，努力消除城乡之间、地区之间基础教育非均衡发展状况，并不断将农村人口的基础教育水平提升到一个新的层次。与此同时，我们要在农村人口中努力推进中等教育和高等教育，致力于逐步缩小农村劳动者与城市劳动者在接受中等和高等教育方面的差距，以此作为深度开发农村人力资源的必需。另一方面，我国现代的中等教育和高等教育（包括各级各类中、高等学校），要把更好地面向农村和支持农村现代化发展作为新时期应予履行的重要职责和神圣任务。

其次，作为为农村现代化发展服务的教育，它要求农村正规教育与非正规教育与时俱进、协调发展。正规教育是指农村普通学校教育，非正规教育主要指农村成人教育与职业技术教育。农村成人教育与职业技术教育又是相互结合、相互渗透的教育。农村产业结构的不断调整与优化，要求农村非正规教育应有更良好的发展。非正规教育的良好发展一方面是指应有适度先行性，另一方面则是指有更好的适应性。农村成人教育与职业教育只有与繁荣农村经济，提高农村人口生活水平建立更广泛更深刻的联系，才能具有强盛的生命力，这也是新时期农村非正规教育发展的根本方向。农村教育的与时俱进，不仅要求农村正规教育多层次发展，同时也要求为农村发展服务的非正规教育不能囿于低层次水平，它应随着农村正规教育的发展而实现多层次发展与整体性提升。

（3）农村教育应是将促进农村人口转移视为重要使命的教育。中国农村现代化发展，不仅要求农村教育继续培养能安于农村，服务农业的人才，同时要求农村教育着力于培养能够离开农业，顺利向非农产业和向城镇转移的人才。新时期我们有一种新的理念，就是只有“减少”农民才能富裕农民。鉴于这种新的理念，农村教育应将促进农村人口转移视为新时期的重要使命。“如果至2020年，近3亿农村人口转移到城镇，达到城镇人口的同等受教育水平并实现就业的话，这将使中国有效利用的人力资源的数量增长一倍。也就是说，有效开发人力资源，使之转移到城镇并实现就业，就等于在人力资源上再造一个中国。”① 相反，“如果不能有效开发农村人力资源，中国的城镇化就会落空，全面建设小康社会就会成为泡影”②。大力开发农村人力资源使农村教育面临机遇的同时又面临着严峻的挑战。

农村人口的转移立足于农业经济的现代化发展，所以，教育为农村人口转移服务既需要为农业生产培养现代劳动者，又要为面向非农产业发展的需要提供服务。我国农村人口转移的模式与途径已呈多样化特点，其中从农村流入城市的“农民工”队伍日益庞大，因而，对流入城镇的农村转移人员进行教育与培训已成为我国各级劳动部门和教育部门高度关注的问题。如今，实施“农村转移人员教育与培训工程”已成为我国人力资源开发的重要工程，这从另一种层面对发展农村教育提出了新的要求，也由此赋予农村教育新的内涵与意义。

① 胡鞍钢，熊义志．城镇化：人口转移与人力资本提升［N］．中国网，2003-2-23.

② 胡鞍钢，熊义志．城镇化：人口转移与人力资本提升［N］．中国网，2003-2-23.

(4) 农村教育是指向农村人的幸福，促进人与自然和谐的教育。全面建设小康社会的奋斗目标也为农村教育指明了新的发展方向。为了全面建设小康社会，农村教育固然要为农村经济全面繁荣服务，但又不囿于为经济发展服务。农村教育是为包含经济发展在内的人文发展服务。国际社会已将人文发展指数界定为人均 GDP、人类的健康水平和受教育水平三大方面。其中人类的健康水平（包含预期寿命）已成为社会发展的重要指标。教育对增进人类健康起着重要的作用。正因为这样，在全面建设小康社会的进程中，农村教育应该成为更加关注农村人的健康并为提高农村人的健康水平而服务的教育。农村教育将通过促进经济发展，提高健康水平而增进农村人的幸福。与此同时，农村教育还需要拓展为改善生态环境促进人与自然的和谐的服务功能。促进人与自然的和谐要求农村教育本身成为一种和谐的教育，这种和谐的教育亦使中国当代的农村教育获得更新的解读。

第三章 中国农村基础教育功能的再思考

学校与社区的关系是终生学习的重要组成部分，也是当今国际教育领域十分关注的问题。特别是对于发展中国家，农村基础教育作为当地重要的教育文化设施，能否对社区发展与转型起作用，成为关系农村发展的重大问题。目前我国城乡之间发展差距仍然很大，大部分人口生活在农村，农村基础教育是乡村中最普遍最常见的文教设施，又是政府投资农村教育的主要部分，因此农村基础教育是否能够对当地社区发展与转型起作用，是否与当地社区具有紧密的关系，对于我国农村人口的素质和质量，对于我国农村的转型，更重要的是对整个国家的稳定、发展和现代化都是具有重大意义的。

第一节 全球化语境下的中国基础教育

当前，全球化已经成为势不可挡的时代潮流，正深刻影响着 21 世纪世界教育的变革走向。我们只有把中国基础教育纳入全球化语境下进行考察，认清改革中存在的问题，找出对策，才能使我国基础教育发展真正与时代的脉动契合。

一、全球化：教育改革与发展的新视野

现代世界面临着一系列事关人类命运的重大问题，如生态环境问题，人

口问题，国家之间及各国内部日益扩大的经济差距问题，艾滋病的传播问题，国际反恐怖问题，资源问题，等等。为了解决这些问题，以确保一个更安全、更健康、更繁荣的世界，人们需要跨越文化差异寻求普遍共识，共同承担对全球共同体（Global Community）的责任。但这种对普通价值观念的追求并不意味着要消除国家主义，否定各民族文化的特殊性，否则人类文明将因为单一而走向灭亡。所以，人们既需要树立文化多元性思想，承认文化差异的存在，珍视民族优秀文化传统，但又不能一味闭关自守，唯我独尊，而是应该增进了解，彼此尊重。可见，全球化的现状和未来是统一性和多样性、普遍性和特殊性并存的局面。在坚持多元化的基础上寻求共识，才是全球化的应有之义。全球化的这一特性在教育领域则表现为：

其一，对教育普适性的认识。全球化直接导致了教育的全球视野，人们对教育的使命、作用与地位达成了普遍共识。片面强调经济发展带来的种种社会问题使人们认识到，"'一切为了经济增长'已不再被看做可以使物质进步与公正，尊重人的地位，尊重我们应完好地传给后代的自然财富和谐一致的理想途径"[①]。从更长远的利益出发，必须转变发展观念，把人的发展置于全部发展行动的中心，这是解决全球面临的社会问题的必然选择。而教育的目的也只有一个，那就是培养完善的人。"教育不仅仅是为了给经济界提供人才：它不是把人作为经济工具而是作为发展的目的加以对待的。使每个人的潜在的才干和能力得到充分发展，这既符合教育的从根本上来说是人道主义的使命，又符合应成为任何教育政策指导原则的公正的需要，也符合既尊重人文环境和自然环境又尊重传统和文化多样性的内源发展的真正需要。"[②] 根据这一认识，教育必须是终身的，只有终身教育才能培养完善的人。而且，教育必须是全民的，每一个人都享有平等的受教育权利，要满足全体儿童、青年和成人的基本学习需要。此外，教育必须使人学会共存，即

① 联合国教科文组织总部中文科．教育：财富蕴藏其中［M］．北京：教育科学出版社，1996：3.
② 联合国教科文组织总部中文科．教育：财富蕴藏其中［M］．北京：教育科学出版社，1996：3.

要促进各级教育中的跨文化理解，教会儿童相互尊重独立性与文化差异，融洽共处并通过道德教育使儿童养成宽容、尊重人的生命、共享与平等、真诚、理解等全球伦理观。总之，在以人为本这一教育目的观下，确立学生的主体地位，培养学生的创新精神和实践能力，开展终身教育和全民教育，重视多元文化教育和道德教育等已经成为全球教育改革的主导性理念。

其二，对教育特殊性的认识。每个国家、民族的教育都有其独特的文化生存土壤。所以，每个国家都是立足于本民族的传统文化来吸收国际教育理念的，创新教育、终身教育、全民教育、全球伦理教育等理念在各个区域具体实践的方式并不一样，有其特殊性，不可能存在一个全球统一的操作模式。如发展中国家的全民教育的实施以普及初等教育，消除成人文盲，促进女童和妇女教育为重点；发达国家的全民教育的实施重点则在全纳教育，即“加强学生的参与，减少学生被排斥”，包括将特殊儿童纳入普通学校学习，为所有学生提供与他们个人的学习需求相适应的多样化的教育。此外，每个国家在长期的历史发展中都建立了各具特色的教育制度，积累了丰富的教育理论和教育经验。为了更好地应对全球化的挑战，各个国家都需要加强相互了解，促进交流与合作，取长补短，把自身教育中的优秀成分推向全球化的潮流之中，使之成为全球化的有机组成部分。“全球思考，区域行动”（Think Globally，Act Locally）已成为全球化时代处理教育普适性与特殊性关系的一个基本准则。为了落实我国全球开放战略，提高我国在新世纪国际竞争中的地位，必须把我国教育纳入到全球化视野中加以考察，并在全球化语境下从事我国教育现代化建设。

二、目前中国基础教育存在的问题

1. 教育价值观不健全

对教育的价值追求体现为教育目的。我国有着强调社会本位的教育传统，总是从社会需要的工具层面上来思考教育目的。根据《教育法》的规定，我国的教育方针是“教育必须为社会主义现代化建设服务，必须与生产劳动相结合，培养德、智、体等方面全面发展的社会主义事业的建设者和接班人”。可见，现阶段，我国的教育目的还停留在社会需要上，没有切实关注人的需要，强调人的独立性，尊重人的个性。正因为我们没有真正确立起以人为本的教育目的，导致了我国基础教育改革中新旧观念杂陈，许多普遍性的教育理念在我国难以落到实处。例如，培养学生的创新精神和实践能力是世界教育发展的共同要求，我国也积极接受了这一思想，并把它作为素质教育的核心理念。但我国学生的创新精神不断受到压制却是不争的事实。因为脱离了人的目的来谈创造性，只能浮游于表层，难以涉及根本。我们的基础教育仍然是以社会统一标准来要求学生，没有真正确立学生的主体地位，忽视了对学生个性的培养，教育评价体系也不完善，过于强调教育的选拔功能，这显然是极不利于学生创新精神的成长的。因此，我国的基础教育改革总是形神分离，进展不大。

2. 教育目标的全球化取向不突出

突出培养目标的全球化取向是教育适应全球化需要的重要举措。教育目标的全球化即要培养面向世界的公民。不仅要培养学生的全球相互依赖的意识，而且要培养学生将来在国际社会环境中生活、工作所需要的知识和技能。国际组织和西方国家很早就关注到了全球化问题，并提出了教育目标全球化的主张。1948 年，联合国教科文组织就提出，“当前教育的主要目的之一，是使儿童和青少年做好准备，能有意识地积极参与建设一个多元、和平、安全及人人享有更完满生活这一共同目标的世界社会（World Society)”[①]。1996 年，联合国教科文组织大会在重新界定教育使命的基础上，进一步明确提出教育的最终目标是培养世界公民。美国在 20 世纪 50 年代就强调，教育要着力为实现培养“全球意识”的美国人这一教育目标服务。进入 20 世纪 80 年代后，全球教育更是得到了美国社会和教育界的大力提倡。许

① 赵中建. 全球教育发展的历史轨迹：国际教育大会 60 年建议书 [R]. 北京：教育科学出版社，1999：77.

多教育组织机构都相继颁布了有关全球教育的文件，全球意识的培养逐渐渗透到中小学各年级的课程中。如全国社会科协会（the National Council for Social Studies）在1981年发表了关于全球教育的报告，指出中小学是培养学生对待全球问题与事务的建设性态度和掌握相关知识的重要阵地，全球教育的目标就是培养他们具备更好地生活在一个多元的、相互依赖的、自然资源有限的世界中所需的知识、技能和态度。全球教育应该作为社会科教育的基础之一。① 美国全球教育论坛组织（the American Forum for Global Education）多次发表文件，强调中小学要担负起培养世界公民的主要责任。我国在20世纪80年代提出了教育全球化的主张，以1983年邓小平给北京景山学校的题词“教育要面向现代化，面向世界，面向未来”最具代表性。此后，1985年的《中共中央关于教育体制改革的决定》提出，必须“面向现代化、面向世界、面向未来，为90年代以至下世纪初叶我国经济和社会的发展，大规模地准备新的能够坚持社会主义方向的各级各类合格人才”。1993年中共中央、国务院批转的《中国教育改革和发展纲要》和1995年公布的《中华人民共和国教育法》均明确规定加强教育对外开放，加强国际教育交流与合作。这些政策性文件、法规确立了我国教育面向全球的战略思想，但在教育目标方面则缺乏清晰表述，未明确提出培养学生全球化素养的要求。教育目标作为一种教育理想，是教育活动的出发点和归宿，体现着对学生素质的要求。由于我国教育目标的全球化取向不突出，没有充分发挥导向作用，对我国基础教育改革积极应对全球化挑战造成了不利影响。

3. 教师缺乏全球化素养

根据教育的发展和人们寄予教育的希望，“教师应该成为民族的良心，甚至应该成为世界的良心”②。

在当今全球化时代，教师肩负着培养学生全球化素养的重任，因此，教

① 韩雪．美国社会科课程内容分析［J］．人大复印报刊资料·教育学，2004（5）：142.

② S拉塞克，G维迪努．从现在到2000年教育内容发展的全球展望［M］．北京：教育科学出版社，1996：264.

师自身应该先具备全球化素养。教师不仅要具备开阔的文化视野，了解健康、环境、人口、国际组织、和平、人权等全球知识，而且要具有对其他文化的敏感性，批判分析、解决冲突、与人合作的能力，以及对学生进行全球化教育的能力，更要具有民主、公正、尊重他人、宽容等品质。联合国教科文组织早在20世纪40年代末开始就提倡对教师进行专门培训，使教师具有国际理解的精神，能够胜任国际理解教育的工作。美国自20世纪80年代以来开始在教师教育中融入全球化教育观，注重培养教师的全球意识。而我国由于教育目标、师资培养体制的不完善，在教师的培养中对全球化教育不够重视，教师的全球化素养比较欠缺。

目前，从各国教师职前教育的本科课程设置来看，一般都包括了三类课程：

(1) 普通教育课程，其目的在于使学生具有广泛的文化科学基础知识。

(2) 学科专业课程，其目的在于使学生掌握一定学科的专业知识，将来能胜任一定学科的教学工作。

(3) 教育专业课程，其目的在于使学生了解和掌握教育规律和青少年身心发展规律，培养学生的专业思想和教育技能。

但如何处理这三类课程的关系，各国的做法却不相同。在美国，这三类课程所占的比例分别为40%、40%、20%左右。大学四年，前两年不分专业，学生以学习普通教育课程为主，这一课程领域包括哲学、历史、政治经济学、社会学、伦理学、人口生态学、人类学、法律、外语、东西方文明、戏剧、小说名著、数学、生命科学、地质科学、人类生物学、物理、化学、地理、保健和体育、音乐、美术等学科，其中大多涉及全球化教育内容。在我国的本科师范院校中，这三类课程所占的比例分别为28%、63.3%、8.7%左右。学生从入学开始，就被专业定向了。大学一年级以学习普通教育课程为主，包括马克思主义哲学原理、马克思主义政治经济学原理、毛泽东思想概论、当代世界经济与政治、思想道德修养、法律基础、计算机基础及应用、大学外语、大学体育等。学科课程则从一年级起就开始学习了。

可见，我国的师资培养课程中的通识部分，有关世界地理、世界历史、世界文化、世界艺术等的课程比较少，这对培养学生（未来教师）的全球化素养是很不利的。比如，开展环境教育是解决全球环境问题的最有效方法之一，国际社会要求受过环境教育的教师要能够运用教育哲学知识来选择和开发课程计划和策略，以实现普通教育和环境教育的目标；利用目前道德推理的理论来选择、开发和实施能够有效实现环境教育目标的课程；利用目前有关知识、态度、行为关系的理论来选择、开发和实施一种平衡的课程，以改变学生的环境意识和行为……①。我国师范院校很少在非环境类专业中开设环境课程，即使开设了环境教育课程，一般也是作为公共选修课程，没有给予充分重视，这显然难以培养出从事环境教育的合格教师。我国教师全球化素养的缺乏对我们落实教育的全球战略极为不利。我国新一轮的基础教育课程改革把握住了世界教育发展的脉搏，在新课程中增加了全球化教育的内容，这对培养学生的全球化素养非常有益。但如果我们不及时改变教师缺乏全球化素养这一现状，新课程中的这些内容就会流于形式甚至落空。

4. 教育国际交流处于不平衡状态

随着全球化进程的发展，相互交流和合作已成为一个国家教育健康发展必不可少的条件。扩大基础教育的国际交流与合作，不仅可以增进各国之间的了解，拓宽本国学生的文化视野，而且还可以学习别国的先进技术和经验，扩大本国教育资源，培养本国人才。国际间的交流互动应该是平等的，但由于各个国家的经济、知识、技术、教育水平存在差异，所以教育要素的国际流动显示出不平衡性。作为发展中国家，我国教育基础还比较薄弱，在现代化过程中，还有许多需要向发达国家学习的方面。改革开放以来，我国大量引进西方教育理论和经验，积极选派中小学教师和学生到国外进修、考察，但在向外介绍本国的教育成就和经验，开发国外基础教育市场等方面，

① 赵中建. 全球教育发展的研究热点：90年代来自联合国教科文组织的报告［R］. 北京：教育科学出版社，1999：73－77.

显然做得不够。

目前，我国留学生的低龄化现象日益突出。据统计，近年来，每年自费出国留学的人员中，18岁以下的少年留学生的比例占总数的50%以上。另据不完全统计，英国发放给中国留学生的签证中至少有10%是由小留学生获得的，而且这个比例还在不断上升。截至2003年4月，正在英国读私立中学的中国学生人数有近7千人。而2001—2002年来自中国的小留学生增长幅度高达40.8%。① 一个中学生出国读私立中学，一年的学费和生活费至少要30万元左右。国外纷纷看好中国的这一教育市场，采取各种措施吸引中国小留学生，如日本政府在2004年相继宣布，免除中国赴日修学旅行学生的签证手续费用，对我国小学、初中、高中赴日修学旅行团实行30天内免办签证的措施。此举主要是为了增加海外赴日修学旅行的学生人数。同时，各种海外教育展也纷纷登陆中国，直接把招生现场摆到了中国。澳大利亚、新西兰、英国、美国、法国等发达国家已成为接收中国小留学生的主要国家。这类小留学生不仅带走了大量教育经费，而且也给我国的教育发展带来了隐患。实际上，人们经过反思，已经认识到全球化绝不是某一文化主体的单一化，因此它既不是西方化，也不是东方化，而是基于平等对话基础上的相互主体。中国是全球化进程中的后来者，确实需要借鉴和吸收其他国家的优秀教育经验，但中国也是一个有着悠久历史和巨大潜力发展迅速的国家，所以我们绝不能妄自菲薄，应相信自己的能力，在国际交流中主动传播自身优秀的教育文化。否则，我们将永远处于被动状态，生活在别国的阴影下。

三、中国基础教育改革的对策

为了使中国基础教育发展融入世界体系，我们必须根据全球化的要求采取相应对策，切实解决中国基础教育改革中存在的问题。

---

① 晓松．留英中国小留学生增长迅速［N］．BBC中文网，2003-06-28．

（一）转变观念，树立新的教育价值观

我们必须以全球化理念来审视当今的基础教育，转变旧有的教育价值观，把人的发展作为教育的根本目的，明确基础教育的基本价值取向是为人的终身学习奠定基础。首先，基础教育应该围绕四种基本学习加以安排，这四种学习将是每个人一生中的知识支柱。

(1) 学会学习。学习已经成为人的一种生活方式和生存状态，学习的欲望和自觉性对个人来说至关重要。基础教育不能单纯将传授知识作为自身使命，而必须以培养学生的学习态度和学习能力作为主要价值取向。这样才能保证人在离开学校后，能自主地进行学习。

(2) 学会做事。不断变化的全球劳动力市场要求学校教育应与学生未来的工作相适应，使学生能够实践所学的知识，具备基本的生存技能。这种技能不仅是实际动手技能，而且包括处理人际关系能力、社会行为能力、管理和解决矛盾的能力，以及敢于承担风险的能力等。

(3) 学会共同生活。在多元的社会形态下，教育要使学生学会理解别人，与别人一起工作并共同生活，同时，作为社区、国家、地区和共同世界的一员，承担起自己应尽的责任。

(4) 学会思考。为了防止技术变革带来的人性泯灭，教育必须重视培养学生的人格，使其形成一种独立自主的，富有批判精神的思想意识，养成敏锐的判断能力，能够在人生的各种不同情况下作出自己的决定，解决自己的问题，担负自己的责任。其次，基础教育要保证教育机会均等。基础教育的主要功能在于满足每一名学生的基本学习需要，而不是淘汰与选拔学生。基础教育不仅要使所有儿童都享有入学机会，而且要使所有儿童享有平等的受教育条件，取得最合理的教育成就。所以，我们必须消除学校教育给儿童设置的各种限制，包括经费、入学名额、学习内容等方面的限制，改革教育体制、学校课程、教学方法和评价体系，为学生提供与其个人学习需求相适应的多样化的教育，促使所有学生都参与学校学习，真正关注每一名学生的发展。

（二）突出教育目标的全球化

为了应对全球化的挑战，应该重新修订我国的教育目标，明确提出对学生全球化素养的要求。学生的全球化素养包括具有全球意识，认识到全球的相互依赖性，国际理解的重要性，环境教育的紧迫性等；具有全球知识，了解世界历史、世界地理、国际政治经济、国际组织机构的作用等；具有全球伦理，如宽容、尊重人的生命、共享与平等、真诚、理解、责任感；具有全球能力，如承认并接受存在于各种个人、民族和文化之中的价值观的能力，同他人进行交流与合作的能力，维护世界和平的能力等；具有全球行为，能从全人类利益、全球观点出发考虑问题，能有意识地积极参与建设一个多元的、和平的世界社会等。

同时，要处理好教育目标的民族性与全球性的关系。我们的教育目标应该立足于培养具有中国根意识的国际人，既要培养学生的全球素养，又要加强对学生民族文化素质的培养。日本在应对这一问题上的做法对我们很有启示。20 世纪 80 年代，日本教育咨询审议会认为，为了造就面向世界的日本人，应当做到：

① 培养学生从国际角度出发，既能保持日本文化的个性，又能深刻理解多元文化的优越个性的能力；

② 既培养学生的爱国之心，又从整个国际社会和全人类的广阔视野出发，陶冶学生的人格，使其避免仅从本国利益出发来判断事物；

③ 使学生深刻理解多元文化，培养学生在国际交往中充分沟通思想的能力。

（三）在教师教育中加强全球化教育

我们需要改革教师教育体制，以提高教师的全球化素养。在职前教师教育方面，应该采取开放的培养体制，调整课程结构，不应过早地对学生进行专业定向。

首先，适当减少学科专业课程的门类，并把全球教育的内容融入学科课程中进行讲授。

其次，增加普通教育课程的门类，其中可单独开设有关全球教育的课程，如世界历史、世界艺术、人文地理、环境教育、人权研究等。

再次，加强教育专业课程，可补充有关全球教育教学法的课程，增加教育实习时间，提高师范生从事全球教育教学活动的能力。

最后，由分科课程向综合课程的方向发展，多学科交叉授课，可设计有关共存、多元化、文化冲突、贫困、和平等全球教育问题的综合主题课程。

对在职教师教育方面，高等师范院校、教师进修学校等承担在职教师培训任务的机构应定期为在职教师举办有关全球教育的专门研讨班或开设培训课程，或利用广播电视教学、计算机网络教学等多种现代教育技术手段向中小学教师提供有关全球教育的进修机会，等等。此外，各中小学也应积极与当地的高等院校或教师培训机构进行合作，邀请专家学者来学校进行有关全球教育问题的指导，如举办全球教育专题研讨会、咨询活动、演讲等。

（四）促进教育国际交流与合作的平衡发展

为了促进我国基础教育在国际交流与合作中的平衡发展，我们除了要继续吸收和借鉴国外优秀的教育理论与经验，还要加大力度，推进我国基础教育现代化，实行教育输出的战略。我们应该改革中小学办学体制，赋予学校以必要的办学自主权，提高办学水平，增强学校的竞争力，留住有特殊需要的学生。采取各种鼓励措施，开展基础教育的合作办学活动，引入外资和先进的教育理念及管理方式，让更多的本国学生享受到一种不出国的留学。政府部门和优秀中小学还应该到国外进行中国教育的宣传，招收小留学生，积极开拓海外教育市场。实际上，近年来我国的文化特色和教育优势已经吸引了一批外国小留学生。

第二节　我国农村基础教育现状、问题与措施

国际经验表明，当前全球化、信息化和城市化浪潮下的农村社会变化，必须是一种能动的和积极的过程。农村不是也不能处在等待或被动的状态，而是要主动积极地成为这种变革的一部分。因此，当前的农村变化是一种社会转型，其实质包括农村社会全部范围的变化，是一个多重目标。通过这种变化把人们普遍不满意的生活条件变成物质上和精神上都更好的生活状况和条件，而且越来越强调人类及人的潜能，把他们作为取得发展成果的基础手

段和最终目的。在这种背景下，教育是塑造和完成农村转型的目标的基础、载体和关键工具之一。农村社会转型要求每个人都必须进一步重新学习，以适应新的变化，不论其过去的学历，包括为所有人的终生教育、正规和非正规教育，及非正式学习机会必须为农村转型服务。

当前的农村发展不是以城市为样板的发展，而是一种经济社会与生态结合的可持续模式，是一种主动发展，不是依附于城市的发展，称为农村转型，其过程是一个建设性的，不但重视脱贫致富，更重视人的发展，即人的观念、态度与认知。从而农村社区建设就是一个动态过程，它以社区居民共同学习和教育为起点，凝聚农村社区的共同意识，解决农村社区的各种问题，包括经济的、社会的、文化的，等等，是农村社区建设的最根本要素。通过社区参与，逐渐从边缘化迈向完全参与社会的过程。

教育发展的必要性不是指收入及商品和服务的消费，而是指他们是否有机会获取手段和资源以开发他们的潜能并行使其选择权，以过上物产丰富的创造性生活。这里，受教育机会、教育内容及目的是关键因素。(《国际农村教育报告》，2001)

一、我国农村基础教育的现状

农村基础教育是中国教育的主要部分，其普及程度及教育水平，直接影响全国普及教育和基础教育的实现程度。2002 年全国小学 456 903 所，其中城市 25 950 所，县镇 46 949 所，农村 384 004 所，分别占 5.68%、10.28%、84.04%；小学在校生数 1 215 670.86 万人，其中城市 172 125.47 万人，县镇 229 377.48 万人，农村 814 167.91 万人，分别占 14.16%、18.87%、66.97%。初中学校 56 961 所，其中城市 6 884 所，县镇 16 922 所，农村 33 155 所，分别占 12.09%、29.71%、58.20%；在校生 660 406.09万人，其中城市 111 803.35 万人，县镇 237 720.08 万人，农村 310 882.66万人，分别占 16.93%、36.00%、47.07%。[①]

农村普及教育正在全面展开，并且取得了历史性的进展。2000 年全国基本普及九年义务教育基础，农村普及九年义务教育地区的覆盖人口也达到

① 数据来源：根据 2003 年《中国教育年鉴》整理.

54%左右。2002年“普九”的人口覆盖率进一步提高。据2003年底统计，全国实现“两基”县（市、区、旗）及县级行政单位已达2 598个，人口覆盖率达90%以上。全国小学学龄儿童入学率达99.3%，比1997年增加了0.7个百分点；初中毛入学率达89.7%，比1997年增加了2.7个百分点，全国初中在校学生数达到6 687万人，比1997年增加了1 439万人，增幅达27%。[①] 据2000年在巴西召开的九个发展中人口大国教育部长会议公布的数据显示，中国的小学入学率、初中入学率均位于九个国家的前列。

农村的师资力量也在逐渐增强。2002年农村小学教职工数39 950.20万人，其中专任教师37 181.46万人，占93.07%，比1987年的90.78%增加2.29%；农村中学教职工数19 038.31人，其中专任教师16 465.82人，占86.49%，比1987年的79.83%增加6.66%。[②] 教师队伍进一步年轻化，中青年教师为主干力量。

农村基础教育经费投入问题对农村教育的发展有重要的影响，而义务教育又是基础教育的重中之重。2002年，全国教育投入总量达54 80亿元。这一数额，比2001年的4 638亿元增加842亿元，增长18.2%；比1997年的2 532亿元增加2 948亿元，增长116.4%。1997年至2002年，教育投入平均每年增幅达16.7%。同时，各级财政对农村义务教育经费的投入也明显增加。1997年，全国农村义务教育经费预算内拨款为430亿元，占当年农村义务教育经费总投入的54.8%；2002年，全国财政预算内对农村义务教育的拨款达990亿元，占当年农村义务教育经费总投入的78.2%，5年间增加了1.3倍。[③]

二、我国农村基础教育存在的主要问题

（一）农村基础教育投资不足、渠道不畅

教育投资对我国经济发展具有巨大的贡献。从宏观上看，我国的教育经费投入由于受经济发展水平低、财政困难的限制，长期投入不足。这种情况

① 教育部．我国义务教育取得新进展情况［N］．中国科研与计算机网，2003-03-12.

② 数据来源：根据2003年《中国教育年鉴》整理.

③ 温红彦．我国义务教育取得长足进展：教育部就义务教育和教育经费投入等答记者问［N］．人民日报，2003-11-03（12）.

在农村中小学表现得尤为突出。2002 年，国家投入农村教育资金仅占 GDP 的 2.5%，按 4%计算，差 1 000 多个亿。[①] 而美国早在 1990 年公共教育经费支出总额就已经达到 2 929.44 亿美元，占 GNP 的 5.3%；1996 年总额达到 3 283.96 亿美元，占 GNP 的 5.4%。根据联合国教科文组织《统计年鉴》提供的资料，目前人均 GNP 在 400 元以下的低收入的 37 个国家中，平均教育经费占 GNP 比例 4%的国家已经有 12 个；联合国开发计划署另一组有关教育状况的数据表明，1994 年 100 多个国家和地区公共教育投资占国民生产总值的百分比，中国的水平相当低，仅有 2.2%，而世界平均水平为 5.2%，就连发展中国家和最不发达国家也分别达到 3.9%和 3%。可见，即使同发展中国家相比，我国的教育投入水平也是偏低的。[②]

全国的教育投资尚且不足，农村教育投资不足就更为突出了（表 1)。

表 1　1995—2002 年农村生均教育经费表　　(单位：元)

	生均预算内事业费支出		生均预算内公用经费支出	
	普通小学	普通中学	普通小学	普通中学
1995 年	219.31	392.59	13.67	38.85
1996 年	248.75	435.36	17.98	47.98
1997 年	275.06	468.06	22.07	58.50
1998 年	305.62	478.25	23.02	47.00
1999 年	345.77	508.58	24.01	44.15
2000 年	412.97	533.54	24.11	38.67
2001 年	550.96	656.18	28.12	44.95
2002 年	708.39	795.84	42.73	66.58

资料来源：国家教委、国家统计局 1995—2002 年《全国教育经费执行情况统计公告》。

从上表可以看出，农村中小学教育经费很少，特别是普通小学生均预算

① 文家庭．我国农村基础教育的困境［N］．人民网，2004-03-09.

② 熊映平，郑温娟，蒋文华．走进 WTO 教育中国［M］．长沙：湖南人民出版社，2003：75.

内公用经费支出虽逐年增长，但增长的幅度不是很大，普通中学生均预算内公用经费支出从1997年开始一直呈下降趋势，但在2002年各项投入有了明显的增加。

另一方面，我国还是一个发展中国家，以仅占世界公共教育经费总数1.4%的财力，支撑着占世界学历教育人口22.9%的庞大教育体系，政府承担的压力可想而知。而中小学尤其是农村的流失率，复读率相当严重，这又造成了教育资金和师资力量的很大浪费。根据对湖北省一个县的不完全调查，有的乡镇初中20多名教师，却只担负着100余名学生的教学任务。有一个村小在党支部和村支委会的大力支持下，兴建一幢价值40万元的教学楼，内有设施齐全的实验室、功能配套的活动室、窗明几净的教室，然而学校却只有120多名学生，平均班额不超过25人，有一个班只有14人。类似的学校占该县学校总数的1/5左右。此外，有些学校为了维持现状，扩大留级面，招收复读生，这进一步加强了教育经费的紧张和教育效益的下降。1990年9月，对一个实行“五三”学制的县进行调查，该县7—11周岁学龄儿童56 930人，但小学在校生达到65 509人，在校生总数比学龄儿童总数高出15%，超过8 579人。按该县每年小学生平均经费15元计算，被浪费的资金超过128 685元。① 这种现象如果长期存在下去，有限的教育经费就根本发挥不了效益，普九的质量也很难得到稳步的提高。

另外，近10年我国教育投资渠道逐渐变窄，政府教育的相对量减少，教育税费下降，社会服务收入、社会捐资、集资所占的比例大幅度下降，只有个人教育投资在增加。根据我国教育部财务司编写的《教育经费统计资料》可以看出教育投资主体的主渠道——预算内教育经费占教育经费总量的比例，从1990年的68.97%下降到2000年的54.19%，下降幅度为21.42%。同时，教育税费所占比例从1990年的8.87%下降到2000年的7.38%，下降幅度为16.79%。勤工俭学及社会化服务收入从1992年的

---

① 余永德. 农村教育论［M］. 北京：人民教育出版社，2000：13—14.

5.39%下降到2000年的1.48%，下降幅度72.54%。除了上述财政性教育经费的渠道所占比例下降以外，社会捐资、集资的经费所占比例也从1990年的8.60%下降的2000年的2.96%，下降幅度65.58%。教育经费总量中，占比例明显增长的是学杂费，从1990年的4.96%上升到2000年的15.45%，上升幅度211.49%；社会团体及个人办学经费所占比例虽然也在上升，但在总量分析中所占比例不大。不明原因的其他经费所占比例上升很快，从1992年的3.69%上升到2000年的12.78%，上升幅度246.34%。[①] 美国的教育投资主体体系是非常成熟的，其最大的特点是教育投资主体的“多元化”，我国的教育投资主体也开始从“单一性”向“多元化”过渡，但上述投资主体的趋势却在一定程度上不利于我国教育投资主体多元化的发展。

(二) 农村孩子接受教育的程度存在差异

首先，农村孩子由于受地域和经济条件的制约，普遍存在着接受学前教育很不规范的现象，一般都是随班就读，绝大多数幼儿只接受一年的学前教育就进入小学，错过了幼儿智力开发的最佳期。小学教育由于教学点规模过小，学科课程又多，学科教师不配套，教学设施不全，教师在教学手段、方法、形式等方面存在严重缺陷。因此，农村学校教育，特别是教学点教学呈现出牧歌式的田园“教育”倾向。这种教育虽然使农村孩子养成了热爱劳动、诚实善良、勇于吃苦、热爱大自然、珍惜劳动成果等良好的品质，但他们在统一课程标准要求下的学习世界里，却表现出了“学习能力”等方面的严重不足。农村孩子童年的快乐意味着对未来教育的不适应，他们的不足正是未来教育所必需的。

其次，在终生学习的时代，农村居民在义务教育结束后，除了升入各类正规学校，在村庄里的学习需求很难满足。这一事实表明，由于农村教育资源匮乏，农村人口的终身学习机会和发展权利没有得到充分保障，使农村人

① 熊映平，郑温娟，蒋文华．走进WTO教育中国［M］．长沙：湖南人民出版社，2003：76－77.

口与城市人口的基本素质差距继续扩大，农村发展面临更加艰巨的任务。

第三，我国是一个过分看重正规教育的社会，非正规教育主要推向市场，因此政府的教育投资基本都集中在正规学校中。不论在哪一级行政区域内，特别是在不发达地区尤其如此。正规学校是当地教育资源最丰富的地方。但长期以来，由于应试教育仍占主导地位，正规学校采取的是封闭的办学形式，目前一般只完成义务教育中初等教育的任务，以升学为目的，基本脱离当地发展，较少与当地发展相联系，缺少或没有与农村社区的互动。特别是使不发达地区的宝贵教育和学习资源未能充分发挥作用，白白浪费了，没有为广大农村群众所享用。

（三）农村学生辍学率居高不下，农村教育目标脱离实际

农村学生“升学无望、就业无路、致富无术”是农村教育的主要症结。全国大部分农村地区初高中毕业生中有 50％以上要回到农村，尤其是农业地区和中西部地区这一比例更高，达到 80％以上。[①] 农村学生的辍学率居高不下，已成为农村教育走不出困境的主要原因。全国人大常委会副委员长顾秀莲，在向十届全国人大常委会第四次会议报告未成年人保护法等法律实施情况时指出，我国农村普及九年义务教育总体水平不高，发展不平衡。全国 2 861 个县级单位中还有 431 个未实现“普九”。已经“普九”的部分农村初中生辍学率居高不下，一些省、自治区农村初中生辍学率在 5％以上，个别地区达 15％左右。来自教育部的数字也显示：虽然自 1994 年以来，全国中小学入学率逐年提高，在校生辍学率逐年下降，但是近年来农村初中在校生辍学率又连年回升，2001 年已达到 5.47％。[②]

农村学生的辍学率所以如此严重，其原因是多方面的，首先是由于教育系统自身的问题引起的，农村教育方向出现偏差，并严重脱离实际。制约农村发展的根本性问题在于其目标的单一应试性、唯城市性和离农性。在国家

① 李水山，戴洪生，郑范洙，等. 中国农村人才发展报告［N］. 农民维权网，2005-04-02.

② 张景勇，李薇薇，孙承斌. 专家把脉农村学生辍学顽症：他们缘何离开校园［N］. 新华网，2003-09-18.

实行高校全国统一考试制度下，基本上没有跳出向高一级高校输送新生为目标的“应试教育”模式，培养“书生型”毕业生。如果不准备上大学的话，很多学生就觉得没有必要上高中，如果不想上高中，那么也就不打算上初三，这样一来初二便成了一个辍学高峰，初中教学的内容只与升学有关，脱离实际生活的内容，不会因为多上一年学而给自己的生计带来好处。再加上农村教育与城市教育一样，采取相同的教材、教法、进度，缺乏“地方特色”，严重脱离农村生产、生活实际。对于农村学生来说，课程的内容太有难度和深度，特别是英语和计算机课，他们很难适应，使农村教育又陷入了泥潭。除此之外，一些地区在调整农村学校布局时，盲目集中农村学校，使得原本能就近上学的孩子因交通不便等原因纷纷辍学。同时，在一些农村地区特别是一些偏远山区性别歧视思想，学校师资力量不足，教育水平不高，导致许多农村学生难以在激烈的应试竞争中取得主动。

(四) 提高农村小学教师素质存在的障碍

农村小学在师资方面存在两方面主要矛盾。其一，农村小学教师一方面表现出知识水平低、知识老化、陈旧、专业技能薄弱、职业素养欠缺等问题，通过培训提高教师队伍素质迫在眉睫，但另一方面因为农村教育经费短缺、教师经济收入低等原因使教师在职学习、培训举步维艰；其二，一方面农村小学教师队伍老龄化严重，相当数量未到退休年龄，不能适应教学需要的教师不能提前退休，另一方面则是因为教师过剩，师范院校毕业生分配不进来，阻碍了教师的流动，教师队伍不能呈现“活水”状态。这两方面矛盾制约了农村基础教育师资水平的提高。

(五) 农村小学布局调整引发一系列问题

农村小学适龄儿童明显减少，新课程计划的实施，布局调整是大势所趋。学校布局调整后，学校教学资源进行了优化组合，精简了教师队伍，减少了教育经费投入。同时也出现了问题，其中最引人关注的就是调整之后，有很多学生上学离家太远，成为潜在辍学生。学生上学、放学路上存在诸多的安全隐患，使家长担心，让学校提心吊胆。因此不得不在安全工作上花费更多的精力，还有不少学生干脆不办理转学手续，直接随父母到外地就读，造成普九资料建设难，学校的普及程度难以测算。

（六）学校教育科研与教学工作脱节

教师的教育教学行为依赖教育科研，这是现代化教育教学的重要标志，也是实现教育教学现代化的重要前提。有一位校长说得好：凡是重质量轻科研的学校，其高质量维持的时间都不长；凡是不抓教学，教师热心做课题、写论文的学校都是不受学生和家长欢迎的学校，是留不住学生的学校。然而，目前许多教师都是“经验型”、“辛苦型”的，“研究型”、“创造型”的教师在农村少之又少。而许多教育专家则不深入教学第一线，致力于闭门造车，研究的理论与课题，无法指导学校的教育教学实际，造成教研教学相脱离。学校的课题研究也存在着应付现象，教研活动、校本培训效果欠佳，不少教师忙于应付，参加业务进修的内需还没有进一步激活。农村基础教育师资力量本来就薄弱，在课程改革过程中更需要方法理论上的指导，但受经济条件等因素的影响，教师缺乏有效地培训。名义上用新课标教新教材，实则依然是“穿新鞋走老路”。课程研制者与课程实施者缺乏对话的平台与机会。

三、农村基础教育中问题产生的主要原因

（一）法制教育不健全

尽管国家进行了多次普法教育，但是在农村仍然存在着许多法律的盲点。上面雷声大，下面雨点小。就像新修订的《义务教育法》，也只是在教育系统内部宣传得轰轰烈烈，不见社会上有什么动静，那么，《义务教育法》贯彻实施的效果就可想而知了。主要表现为：首先，学校、教师缺乏法律意识，在受到侵害时，很少想到用法律武器来保护自己的合法权益。其次，教育法律法规得不到尊重。在农村教育实际中，践踏法律的事情随处可见。《教师法》、《教育法》、《未成年人保护法》虽已颁布多年，但在农村它们均是“软法”，无以实施。

（二）评价改革滞后

要落实课程改革，就要重视评价制度改革。我们在实践中发现，评价几乎成为制约课程改革理念真正落实的一个瓶颈，教育行政部门、校长、教师，处于课程改革的不同层次，扮演着不同的角色，但共同关注的一个问题就是上级主管部门和社会如何评价学校的工作。在目前中考、高考存在的条件下，考试作为一种导向，一个指挥棒，一种最主要的评价方法，对于课程改革已经成为巨大的羁绊与束缚。只要中考、高考仍然保持原来的价值取向，学校、教师就不可能真正贯彻落实课程改革精神。那么，“穿新鞋走老路”也就不足为怪了，也正是因为评价的原因，导致教育科研成了学校“装点门面”的法宝，教师关起门来搞课题，写论文，教学工作依然跟着“考试”这根指挥棒，扎扎实实地搞应试教育。

（三）投入严重不足等原因，导致课程实施资源缺乏

课程资源与课程存在着十分密切的关系，没有课程资源也就没有课程，课程必须有课程资源作前提。由于农村学校教育经费投入不足，收取的杂费本来就难以维持学校的正常运转，哪有过多的经费投入办学条件的改善呢？课程实施需要的空间、材料、设备、环境、场地等课程资源都难以保障，无法满足教育教学的正常需要。当然，在新课程实施中，缺乏课程实施资源还有另一个原因，就是教师也没有意识到自己是最重要的课程资源，缺少课程开发的动力与意识。

（四）农村教师的各方面压力过重

虽然教师严重超编，但是有相当一部分民办转正、年龄偏大的教师已不适应新课改下的教学工作，这部分教师的工作势必转嫁到其他教师身上，造成其他教师工作量的超负荷。农村教师的精神压力很重：人事制度改革，职称评聘分开，搞得教师惶恐不安。农村教师的经济压力更重：各种名目的教师培训费，还有其他职称评审费、教学竞赛参评费、论文参评费等，现在学校经费困难，这些费用几乎自己负担，因此，每年的培训费总要好几百，而事实上农村教师的政策性津贴一直存在着拖欠和不足额的问题。

四、全球化时代农村基础教育应发挥的作用

社区是学校发展的土壤。只有学校与社区形成互动关系，社区与学校才能同时获得发展，教育与社会才能协调发展。学生在学校中学到的新知识、新技能和新态度，只有在社区获得相应的环境才能够对社区发挥作用。如此社区成员必须与学校同步学习，创造和营造不断发展的社区环境。而学校、学生和教师就是社区学习的媒介，他们通过宣传、动员、表演、示范等非正规和非正式教育形式，使村民获得新思想、新行为、新技能。社区和家长也从这样一些活动和专门安排的活动中了解学校、熟悉学校和帮助学校。

学校为社区服务，不仅停留在出借学校硬件设施，而是让学校成为村民终生学习的资源，让学校能以满足村民的学习需要为目的，实施开放校园、乡土教学、开展社区教育、社区参与学校等。

在全球化的时代，我国农村基础教育对社区发展的作用可以从不同角度或不同层面来看。

从学校方面开展的活动看，首先是学校内的教育教学活动。由于我国农村居民居住相对分散，社会、文化、体育、娱乐生活相对不足，学校本身的一些教育活动作为一种非正式学习方式对村民就会产生影响。如学校举行的升旗仪式，“五一国际劳动节”，“十一国庆节”的假日，学校设定的“开放日”，学校举行的各种全国性或教育系统或本校的儿童少年活动，学校获得的先进设备仪器，学生的教学实践、社会活动，等等，都是当地村民了解获得外部的信息，获得参与的机会。这些活动是学校教育教学的一部分，但对村民产生潜移默化的影响。其次是学校外部的活动，又可分教育活动和非教育活动。其中教育活动包括利用学校设施或由学校教师、学生开展的扫盲、培训、宣讲、展示、放映、集会、文化、体育、娱乐、阅览、讨论等活动。这些活动具有凝聚人心、发扬民主、激发情绪、活跃气氛、提高素质等作用。再次是非教育类活动。特别是在尚不太发达的地区，农村小学是唯一与政府与外部有联系的机构，学校有责任取得上级或外部支持，牵头、组织开

展专门为村民改善生活境况的活动。如基础设施建设、基本生活条件的改善（卫生、环境等）、富裕地区发展网络化村庄等。

社区活动的各种形式——由工厂、农场、船厂、商店、银行、办公室、法院、医院等构成场所；由管道工、医生、木匠、农民、机械工、售货员、渔民、建筑师、科学家、牧民、广告商等构成活动主体；由剧场、电视、舞台、音乐等构成表象世界。所有这一切社区活动形式都可以紧密地与学校的教育功能结合起来，成功地构成一种直接交往的模式，从而对学生和村民的学习和实践活动产生深远的意义，并指引他们不断向有利于个人成长、社会融合及再融合的方向迈进。

从儿童发展和学校发展来看，学生是农村发展的重要力量。儿童自身具有一种参与和创造的需要和权利。他们能够以与成人不同的视角和更加敏锐的目光，提出社区建设和关系他们自身发展的问题，必须发挥他们的这一作用，他们通过参与社区，可以充分发挥他们的聪明才智，改善社区生活，改善自身的生存环境，自身获得社会发展能力和社会适应、社会参与能力。同时必须从小培养儿童参与社区（会）的能力与态度，成人后才能积极为社会作出贡献和服务（叶敬忠等）；学校通过与社区的联系、社区人员的参与，了解了社区需要，获得了社区支持，发掘了学习资源，拓宽了学习领域，扩充了学习内容，使学校更具活力与生命力，更具有本地特点，从而也创造出了各具特色的学校模式。

农村基础教育为社区服务，使教师认识到社区服务的教育含义，学习并非只能在教室产生，有计划安排的社区服务，有可能带来更充实丰富的学习功效。按照终生学习的理念，学生学习包括课堂学习和社区生活实践，社区也是学生的学习资源。为使学生的校内学习在社区有应用机会，教师需要了解、掌握社区的学习资源，了解其与课堂教学结合的方法，学生家长也需要了解终生教育理念，配合教师，协助教师从事社区参与的教学工作。从而产生学校与社区的互动，社区居民从中获得学习经验，也推进了社区的变化。

从农村社区的发展看，农村社区是受益最大的。它们不断从学校、从教师、从学生那里汲取新力量，获得新信息，并不断转化为日常行为和实践。从而推动农村社区在生产生活上、文化和教育上不断向现代化的可持续发展的方向转变，并通过以学校作为社区活动中心的社区学习、社区参与，提高社区自身发展的内在能力，从参与社区逐渐到参与社会。

我国是一个民族和民俗文化都非常丰富的国家。农村基础教育与社区的互动，根据社区需求设计课程，并且促进社区发展，满足社区的学习需要，能够给学校带来活力与生机，才能发展出独特的社区生活和学校文化。总的来说就是：

——服务对象扩大到整个村庄的所有村民；

——学校角色：从“升学机器”转变为“社区教育文化信息中心”；

——课程资源：农村社区整体成为一种课程的资源，课程与社区生活紧密结合，课程设计采取社区参与和家长参与的模式；

——学习内容：扩大到社区的经济发展、生态与环境保护、卫生健康和文化休闲；

——教学方法：注重自我探索，应用各种资源，开展经验学习；

——场所多样化；

——成就多元评价：不以考试作为唯一标准，任何特殊表现及各种非工作成绩都得到认可。

五、发挥农村基础教育对当地社区发展作用的保障措施

（一）加强教育法律法规的宣传力度

新修订的《义务教育法》已颁布实施，要充分利用这一有利时机加大宣传力度，动员全社会的力量关心支持教育。要让地方主政官员首先明确实施义务教育是政府的责任，政府要认真履行自己的职责，制定科学的教育发展规划，优先保证教育经费的投放，做到“三个增长”，为学校提供合格的师资和必要的办学条件，依法保障适龄儿童接受义务教育。同时要组织各级领

导到农村学校实地考察，现场办公解决学校的硬件建设，如学校基础建设，薄弱学校改造，校园周边环境整治等问题。尤其要结合社会主义新农村建设，把农村教育中存在的问题解决好，让老百姓得到更多的实惠。

此外，在法律、法规、政策、规划中，承认非正规教育、非正式学习与正规学习和教育具有同等的地位，才能保障农村人口享有平等的终生学习和发展的权利。

（二）制订保证教师权益的相关措施

教师是一个专业性很强的工作，没有稳定的教师队伍，就没有稳定的教育质量。在西方发达国家和地区，无论用工制度如何灵活，失业率如何高，中小学教师的岗位基本上是稳定的，法律保护中小学教师的就业机会不受影响。这样可以保证中小学教师在任何时候都能保持一种稳定的心态，也赋予了中小学教师一份为人师表的尊严，进而激发他们高尚、敬业、充满爱心的职业道德。对教师应该依据《中华人民共和国教师法》进行管理，严格教师的进出，各级政府应该对违反教师法的行为和事件予以纠正和处置，并出台相关的政策、措施保障教师的合法权益不受侵犯，努力为教师创造宽松和谐的工作和生活环境，让他们安心教书育人。

（三）对农村教师进行免费培训

为使教师尽快适应新课程，让农村教师有更多的学习机会，国家应该加强培训基地和培训教材建设，为农村教师免费进行在职进修和培训，而且在培训内容和形式上进一步完善：强化教师专业发展的意识，提升教师专业化水平；建立符合教师特点与需要的校本培训制度，让教师围绕教学开展课题研究，在参与教学研究中提高教学技巧；加强送课、送教下乡，运用好农村远程教育项目，让农村学校与城市教育资源共享，进一步提高农村学校的信息技术教育水平。着力抓好教师继续教育工程，努力打造一支适应素质教育需要的教师队伍。

（四）尽快制定切实可行的评价制度

要促进课程改革，国家急需出台与新课程理念相应的考试政策，进行考试改革。在考试的目标上如何体现多元性，即兼顾学生的基础知识、基本能力、情感、态度、价值观的全面评价；在考试的方式上体现多样性，突破原有的笔试，将笔试与口试等多种方式相结合。建立完善的素质教育监控体系，指导和促进学生全面发展，为提高全民族素质，培养“四有”新人，奠定坚实的基础。

第四章　新形势与中国农村职业教育发展

第一节　基于农业结构调整的农村职业教育

我国“入世”后，由于与国际市场的接轨以及我国为适应WTO的国际化需要，农业经济、社会各方面必然产生相应的变革，中国在重建新的农业结构的过程中，对人才的规格也提出了新的需求。作为农业人才摇篮的农业技术职业教育，必须适应这种趋势。认真研究新形势、新问题，积极调整教育结构。改革教育方式，改善人才品质，从而适应中国加入WTO的需求。

一、加入WTO后我国农业结构调整的对策

进入21世纪，经济全球化趋势增强，科技革命迅猛发展，产业结构调整步伐加快，国际竞争日趋激烈。农业结构调整必须考虑四个大的背景：一是加入WTO后的结构调整要面对国际国内两个市场、两种资源，如何发挥优势，避免劣势，既为结构调整展现和开辟更大的空间及领域，也要考虑对我国农业结构调整的方向和格局产生直接及间接的影响。二是随着我国农村城镇化步伐的加快，农业人口将不断向城镇聚集，这既有利于农业富余劳动力的转移，也为农业产业链条的延伸和农业规模化发展提供了良好的机遇。三是西部大开发战略的实施，将加快西部地区农业和农村经济发展步伐，对于改善这一地区生态环境，转变经济增长方式，缩小与东部地区差距，将产生重大影响。四是农业科技创新步伐加快，以生物技术、信息技术为核心的

农业科学技术迅猛发展，农业高新技术的发展及其产业化将推动农业的进一步发展，对农业结构调整也将产生积极的影响。当前，我国农业结构调整的基本思路是在继续改善农业生产条件，稳定提高农业综合生产能力的前提下，适应农业发展新阶段的要求，面向国内外市场，依靠科技进步，着力改善农产品质量，发挥区域比较优势，大力发展高产优质高效农业，变粗放经营为集约经营，提高农业的综合效益。针对加入WTO对我国农业发展的影响，本文提出农业结构调整的对策如下：

1. 优化农产品品种和品质结构，提高国际竞争力

切实保护粮食综合生产能力是确保国家粮食安全和农业结构战略性调整的基础，在此前提下，大力优化农产品品种和品质结构。种植业要由传统的粮食作物—经济作物“二元结构”向粮食作物—经济作物—饲料作物“三元结构”转变，大力发展名、特、优农产品，形成各具特色的优质农产品及其加工专用生产区，建立优质食品加工专用原料生产基地，大力发展适合食品加工业需要的标准化农产品生产。养殖业也要逐步转变增长方式，由追求产量最大化向提高质量、追求效益方向调整，稳定发展生猪和禽蛋生产，加快发展牛羊肉和优质禽肉生产，突出发展奶类和羊毛生产，积极推进奶业产业化，尽快把畜牧业发展成为一个大产业，进一步优化水产品品种结构，扩大名特新水产品品种的比重，提高水产品的加工保鲜质量。

大力组织实施无公害食品行动计划和符合WTO规则要求的畜牧无规定疫病区建设，建立健全农产品质量安全保障体系，完善有关法律法规和政策，切实加强对农产品从生产到市场各环节的管理，全面提高农产品质量安全水平和国际竞争力。

2. 调整和优化农业布局结构，充分发挥区域比较优势

借助加入WTO的难得机遇，我国应当充分利用国际国内两个市场的农业资源，依照比较优势原则，合理配置土地、水、资金、技术等资源。从宏观上讲，要适当减少粮棉油糖等土地资源密集型农产品的生产，增加优质果、菜、花卉等劳动密集型产品的生产，增加养殖及加工品的生产。从地区

结构上讲，进一步确立我国农业发展的地域分工格局。东部沿海经济发达区结构调整的方向是：发展外向型农业、高科技农业和高附加值农业，积极发展适应国际市场要求的农产品生产，增强出口创汇能力，加快推进农业现代化进程。大城市郊区结构调整的方向是：充分发挥农业在生产、教育、生态保护等方面的多功能性，发展设施农业、旅游观光农业、生态农业、休闲农业，进一步提高农业现代化水平。传统农区和粮食主产区结构调整的方向是：进一步发挥传统优势，提高粮棉生产水平，加快发展以粮棉等产品为原料的加工业，推进粮棉产业化经营，提高传统农区的整体素质和效益。西部生态脆弱区结构调整的方向是：要抓住国家实施西部大开发战略的机遇，转变发展模式，积极发展特色农业、生态农业、节水农业和绿色农业，走农牧、林牧结合的农业发展道路。

3. 大力发展农产品加工业，提高农业的整体效益

坚持以市场为导向，立足现有加工能力的改组、改造，加快农产品加工、保鲜、储运技术和设备的引进、开发，加强对农产品加工企业的扶持，使我国农产品加工水平有较大的提高，农产品加工业有一个大的发展。重点发展粮食、油料、肉类的精、深加工，把蔬菜、水果和奶类等产品的加工作为农产品加工业新的增长点。农产品的加工品及制成品要向多样化、营养化、方便化、安全化和优质化方向发展。通过股份制、股份合作制等多种形式，重点培育一批规模大、起点高、带动能力强的农产品加工企业，形成一批在国际市场具有竞争力的龙头企业和名牌产品。把发展农产品加工业与推进农业产业化经营结合起来，这是促进农产品加工业发展，提高农产品加工转化率和附加值，增加农业的后续效益和农民收入的有效途径。

4. 调整农村劳动力就业结构，加快农村富余劳动力的转移步伐

大量剩余劳动力困守在农村，这是进入新世纪相当一个时期内我国农业和农村经济发展面临的一个基本矛盾，从改革实践看，发展乡镇企业和小城镇，加快二、三产业发展，对吸纳剩余劳动力具有独特的作用，应把它作为解决农村亿万剩余劳动力的一个重要战略，也是农村产业结构、劳动力就业

结构调整的重要内容。

首先，在种植业内部要实现由对土地依赖度高的产品向对劳动力需求量大的产品的转变，在农业中大力发展对土地依赖度较弱的畜牧业和渔业，在农作物中大力发展劳动力相对集约的蔬菜、水果等园艺产品，在对外贸易总量增长和结构优化中创造更多的就业机会。

其次，从结构调整的角度看，主要是推动从事种植业的劳动力向农业的服务业和非农产业分流，扩大农民就业增收的空间。

(1) 在农业内部挖掘就业潜力。随着现代农业的发展，农业能提供的就业机会，越来越表现在产前、产后环节使用的劳动力上。我国农业产前、产后环节目前吸纳的劳动力还很少，大部分产中环节的劳动力势必向产前、产后环节转移。因此，我国应建立以农民为主体的国家、集团、农民及其合作组织相结合的农业社会化服务体系，这既可以有力地推动农业社会化服务体系的发展，又可以为农民提供大量的就业机会。

(2) 扩展农业外就业增收空间。主要是积极发展非农产业，加快小城镇建设，以及劳务输出等。目前已有相当数量的农业剩余劳动力流向大中城市和沿海经济发达地区就业，为流入地区的经济发展作出了重要贡献。劳动力的这种流动是符合经济规律的，今后还会保持这种趋势，但空间会越来越小。大规模转移农业剩余劳动力，还是要靠发展乡镇企业，加强以农产品批发市场为龙头的市场体系建设，加快小城镇建设。要充分发挥农产品生产基地距离市场近、联系紧密的优势，大力发展农产品加工业，以及储藏、保鲜、运输业。乡镇企业应积极加强与农业、农村、农民的联系，充当农业产业化的龙头企业，带动广大农民推进专业化、产业化生产。加强布局规划，把乡镇企业与小城镇建设紧密结合起来，形成一个独具优势和特色的产业体系，提高吸纳农村劳动力的能力。彻底改变传统的城乡隔离政策和城市倾斜政策，建立城乡统一开放的大市场，通过土地制度和社会保障制度的创新，引导农村人口向城镇有序流动。

5. 加快建立和完善农业调控体系，支持和帮助农民调整结构

为了促进和加快农业生产结构调整，政府应该利用加入WTO的5年过渡期，改变我们长期采取的农业支持工业的政策，加快建设和完善农业调控体系，支持和帮助农民调整农业生产结构。例如：政府利用倾斜政策加大财政、金融（特别是政策性金融机构）、保险部门对农业的支持力度，增加农业科技开发投资和农业基础设施建设；扶持农产品和农业生产要素市场的建设，完善农产品流通体系；在财政、税收、信贷方面支持农业龙头企业；建立健全农业收入的再分配机制；制定有关粮食安全储备补贴、农民收入补贴、与生产不挂钩的收入补贴、自然灾害救济补贴、农业生产者退休或就业补贴、农业资源储备补贴、农业结构调整政策等各种符合WTO规则的政策措施。

二、农业结构调整对农村职业教育的影响

1. 经济结构调整影响我国职业教育专业结构和课程内容结构

根据产业结构演进规律，三类产业的增值比例结构将从“一、二、三”向“三、二、一”方向转变，因此，各地各行业都应根据自己的资源优势和市场状况不断调整经济结构。例如，调整农业经济结构则要加大畜牧业和水产业的比重，大力发展创汇农业，种植业在确保粮食安全的基础上着重发展经济附加值较高的作物等。目前，我国第一产业的就业比重高达49%，第二产业达24%，第三产业达27%。随着生产力的发展，劳动力在三大产业中将会不断地从较低层次向较高层次的行业转移并推动经济的发展。国务院发展研究中心产业经济研究部部长刘世锦说：“入世”后，我国将由农业国转向制造工业国。在未来很长一段时间内，伴随着农村城市化的推进，农业的从业比重将不断下降，第二、三产业。尤其是第三产业的就业比重将有大幅度的上升。因此，经济结构、产业结构的调整要求职业教育的专业结构和课程内容及时地作出相应的改革。

2. 市场国际化和产品质量标准的国际化，影响我国职教课程的结构和内容

长期以来，我国职教课程的结构和内容是针对国内市场要求和国内的产

品质量标准设置的，培养的人才既不适应国际市场运作，也不熟悉产品质量的国际标准。“入世”后，当务之急是大幅度调整课程结构，更新、充实课程内容。尤其是产品质量，它是“入世”后遭遇的最大挑战，我们必须严格按照新的标准和规则来生产，否则，无法参与国际竞争。到2005年，我国产品的70%引用国际质量标准。产品质量是一个国家国民素质的综合体现，也是一个国家教育水平的综合反映。与职业教育发展水平的关系更为密切。所以，我国产品要在国际市场上增强竞争力，不仅要提高职业教育层次，更重要的是根据国际质量标准及时调整、更新课程结构和课程内容，提高人才培养标准。

三、适应结构调整的农村职业教育发展

面临新形式、新情况的挑战，我国的职业教育只有适应经济结构调整，才能为国家的科技进步、经济的持续性发展服务。因此，必须大幅度地改革专业结构和课程内容。改革必须与时俱进，不断深化。农业劳动力的有序转移和城市化建设，决定着对农村青年实行职业教育、社会化教育的重要性和迫切性，职业教育的培训、绿色证书的培训，其内容和形式不要只局限于农业。那么，农村职业教育将如何迎接更大的挑战呢？笔者认为，应采取如下对策：

1. 压缩传统农业专业，创建现代农业专业

现代农业专业的设置必须因地制宜，发挥和利用比较优势，要与当地的社会经济结构相适应。现代农业专业重点要突出三个字，即新、优、特。所谓新，就是具有先进性，要用新技术、新成果、新知识武装新专业；所谓优，就是具有一定国际竞争实力的优势产业；所谓特，就是具有明显的地方特色和产业特色。许多成功经验证明，农村职业教育与农业和农村经济发展有着密不可分的联系，只有伴随着农业和农村经济结构的调整而不断调整其专业结构，农村职业教育才会充满生机和活力。

2. 改革课程内容，适应形势发展

(1) 随着国际往来的日益频繁，要加强专业内容，重点是加大外语课

程。加入WTO后，外语特别是英语，将成为国际交流的主要语言工具，成为引进消化新技术，学习国际先进的农业企业管理，与国际农业界交流的手段。学生不仅必须掌握外语的基础知识，而且应按照农业技术产业的要求，增加相应的农业技术方面的英语知识，做到基本能够阅读国际通行的专业杂志和书籍。

(2) 普及WTO规则和国际经济法律的基础知识。WTO是在关贸总协定的基础上发展而来的新的国际贸易组织，作为一个成熟的国际贸易组织，WTO已经制定了完善的贸易规则，我国加入WTO后，不仅要遵守WTO的通行规则，而且作为发展中国家，在WTO的总体框架之下，有一些针对我国的特殊政策。特别在过渡期中，要利用特殊政策，尽快提高国家的农业国际竞争力。还有绿箱政策和农业补贴政策等，学生对WTO规则的详细了解，将对他们成为将来农业国际化的主力军打下良好基础。

(3) 广泛开展生态平衡和环境保护的教育。强化学生的环保意识，在推进生态环境建设，加强对资源的管理、开发环保产业的进程中，起带头作用。农业的可持续发展应走经济发展与环境保护双赢的道路。

(4) 注意培养学生的创新、创业精神和团队的合作精神。农业的未来在于产业化，而产业化的农业将由一系列的农业企业作为基本单元，农业必将改变一家一户式的经营模式，走向联合经营的道路。这对未来的农业人才提出了新的要求，即不仅要掌握先进的农业生产技术，而且必须成为能够经营农业企业的管理人才。一个接受了技术和管理系统训练的毕业生，就有条件成为未来农业产业中的创业者、企业家，也将成为农业产业化的主力军。

(5) 加强食品安全和农产品的质量教育。中国农业的国际竞争力将有赖于把我国的农产品打向国际市场，目前尽管国内一些企业正在实施ISO9000等国际通行的质量认证，但我国农产品出口的最大障碍仍在于产品的卫生和质量，2002年1月欧盟全面禁止中国畜产品进入欧盟市场，日本对我国畜产品的检验越来越严。种种迹象表明，我们必须尽快使我国农产品的质量和卫生符合国际标准，才能实现国际化的目标。在专业技术课程中，要增加质量认证和质量标准的内容，将农产品的生产、收购、销售、储运、加工、包装等全过程，都置于绿色标准和质量标准要求的控制下。

3. 加强校企联合，走产科教之路

长期以来，我国的农村职业学校基本上由政府或教育部门主办，有关业务部门和企事业单位对办学活动参与较少，农村职业学校缺乏行业信息，专业课师资和学生实验、实习场所的问题长期没有得到根本解决。同时越来越多的毕业生不能做到“适销对路”，供需双方形成了“两张皮”。积极倡导、动员当地有关业务部门和企事业单位参与学校的办学活动，联合创办一定的专业，既可以解决上述存在的严峻问题，又能为教师提供科学研究的场所，有利于将新的科研成果转化为生产力，促进当地农村经济的发展。

4. 开展农民的教育和培训工作，满足劳动力转移的需要

我国是一个农业人口大国，约80％的人口在农村。在农村劳动人口中，接受过短期培训的占20％，接受过初级技能培训的占34％，接受过中等职业技术教育的占0.13％，没有接受过技术培训的占76.4％。[①] “入世”后，大量的农村劳动力将进行有序转移，而科技文化素质低的劳动力就业困难，国家又制定和实施了职业资格证书制度和职业准入制度，给那些没有接受过任何职业教育的农村劳动力从事技术岗位工作提出了相应的条件，他们必须接受一定的培训，达到具备国家及用人单位要求的相应条件，才能竞争评聘上岗。因此，农村职业学校应该发挥具有人才、智力、技术、信息等多种比较优势，满足和适应农村劳动力的需要，广泛开展各种职业资格证书（包括绿色证书）培训，使之成为当前农村职业学校的一项重要任务。总之，在农村职业学校教育的改革中，只要我们正视现实，抓住机遇，迎接挑战，不仅要办好各种职前学历教育，还要办好农村劳动力转业、转岗需要的各种职业资格证书培训，就一定会占领这一市场，并在农村职业教育发展中取得新的突破。

---

① 耿显家. 实施农村人才开发刻不容缓［J］. 中国人才，2004（5）：57－58.

第二节　城乡就业统筹对农村职业教育的诉求

党的十六届三中全会把统筹城乡发展作为完善社会主义市场经济体制的首要目标和任务，而统筹城乡发展中的一项重要内容就是实现城乡就业统筹。

一、城乡就业统筹的内涵

城乡就业统筹是针对过去在计划经济体制下，“城乡分割”的就业管理体制而提出的，主要包括以下内容：

第一，消除“重城市、轻农村；包非农、弃农民”的歧视性就业改革，使农民与城镇居民享有同等的就业机会和社会保障，并从农村就业和城镇就业共同发展、相互协调和补充的角度出发，逐步使整个国家的就业工作形成相互联系的整体。

第二，从开发利用劳动力资源出发，根据就业市场的供求关系，统筹规划城乡就业。在制定经济规划时，政府将把鼓励多渠道投资，开拓就业岗位作为考虑的重要内容，在确定经济发展布局和调整产业结构时，将考虑其对城乡就业的影响。

第三，通过制定相关政策来加强宏观指导和调节，积极组织和引导农村劳动力在城乡间、地区间合理有序流动，使农村就业与国家各行各业的发展相互衔接，协调一致。

第四，完善市场机制，发展统一开放的劳动力市场，尽快形成联结城乡的就业服务网络。

二、城乡就业统筹是推动农村剩余劳动力转移的战略举措

城乡就业统筹是针对目前和今后一个时期农村就业急需解决的突出矛盾和实现城乡协调发展而作出的战略决策。长期以来，我国的就业工作往往只强调城市就业，不考虑农村就业。虽然从20世纪90年代开始把农村就业考虑进来，但并没有从根本上消除“重城市，轻农村”的现象。由于农村就业工作没有引起足够重视和解决，农村劳动力过剩问题越来越严重，而且很多是以隐蔽的形式存在着。据官方的调查估计，我国80%的劳动力资源在农村，其中有1/4约1.5亿农村剩余劳动力。甚至部分专家按农民人均耕地和每亩耕地必须的工时数估计，农村现有劳动力有2/3的工时剩余。根据国际通行的标准，农业人口占到总人口的30%以下，这个国家就进入了现代化的行列。有关专家研究表明，中国的农业劳动力在社会总劳动力中的比重不应超过35%。[①] 因此，实行城乡就业统筹，打破“城乡分割”的就业局面，建立统一、开放、竞争、有序、城乡一体化的劳动力市场，有效实现农村剩余劳动力向国民经济各部门的转移，既关系到亿万农民的切身利益，又关系到我国劳动力资源的开发效果，更关系到我国的现代化能否实现。

三、城乡就业统筹赋予农村职业教育的艰巨任务

当前，解决农村劳动力就业问题存在着一对矛盾。一方面，我国农村普遍存在一个人的田四五个人种的现象，几乎有一半农村劳动力在地上搞饭吃。中国农业的超负荷经营，农业劳动力的高度闲置，说明靠农业消化劳动力的潜力是极其有限的，必须开辟其他就业门路，大量转移农村剩余劳动力。但是另一方面，我国农村劳动力数量优势并不具备资源优势，主要原因是农村劳动力文化水平低，综合素质较差。据统计，现有农村劳动力中，文盲、半文盲约占16%，小学文化程度的约占40%，受过职业教育和培训的

---

① 刘智元. 城乡就业统筹及对农村职业教育的相关思考［J］. 教育与职业，2002（4）：35－38.

只有5%；[①] 农村劳动力普遍存在观念落后、公共道德意识不强等问题，其行为方式和习惯与现代都市文明也不够协调。农村劳动力这种素质状况，不能适应现代职业要求和城市发展的需要。有关专家调查研究证实，不同素质的农村劳动力在就业分布上总的趋势是：文化程度越高，从事农业生产者越少，到其他产业就业的比例越大，从事农业以外的劳动时间也越长；劳动者的文化程度和综合素质越高，越容易得到他人重视和欢迎，就业的空间越大。可以说，农村劳动力的文化水平和综合素质在一定程度上决定了其由农业转向非农业，从农村流向城镇的规模和速度。因此，在我国全面启动劳动力知识化、素质化战略，是确保城乡就业统筹后农村劳动力争取就业机会，减少失业可能的关键措施。我国农村职业教育在多年的办学实践中，培养了大量实用型人才，为发展当地经济作出了很大贡献，不少地区积累了丰富的办学经验，在农村有了良好的办学基础，形成了比较完善的办学体系。农村职业教育这种得天独厚的地理优势和较好的办学基础，决定了其在实施农村剩余劳动力战略转移中，承担着提高数亿农村劳动力文化素质和综合素质，增强其适应各种就业机会能力的神圣而艰巨的历史任务。任何轻视或削弱农村职业教育在农村劳动力转移中的地位和作用的行为，都将不利于城乡就业统筹工作的顺利进行。

四、对农村职业教育的相关思考

（一）职业学校要重视和参与农村劳动力素质和结构的研究、预测、规划

实施城乡就业统筹后，农村劳动力作为一种经济资源，可以在市场机制的作用下，实行全国范围内的配置。但是，目前制约农村劳动力在市场上的有效配置的突出问题是供求双方信息不通，协调不够，农村劳动力流动长期处于盲目、无序和低效状态。解决这个问题，除了政府部门和劳动力市场做

① 阳忠恕．采取积极措施，加快农村劳动力转移［J］．中国网，2002-3-14．

好有关工作外，职业学校也应发挥积极作用。过去，职业学校很少主动参与对农村劳动力素质状况及市场供求情况的调研、预测和规划，面向农村劳动力的招生规模、专业设置、课程内容、教育模式、办学形式等方面存在盲目性、不确定性和滞后性。地方职业学校要主动走向社会，深入农村，面向市场，加强与劳动力市场、政府部门和农村基层组织的沟通，准确掌握国家产业政策、就业政策、研究农村劳动力数量、结构、分布、就业意向、技能状况及转移趋势，对农村劳动力的开发投入、培养层次及办学形式、模式、渠道、机制等提出规划和实施意见，使农村职业教育在农村劳动力转移中既有适应性，又有先导性。

（二）农村职业教育必须强调个性教育

现在，很多农村劳动力谋求职业时，要么投亲靠友，要么跟着“老板”飘荡，要么盲从别人流浪，要么独自四处走串。他们中有的坐等机遇、听天由命；有的在困难和挫折面前畏惧退缩，消极悲观；有的逆来顺受，对受到的不公平待遇不敢申诉。这种缺乏主见，缺乏意志，缺乏独立人格，个性不强的缺陷，导致处处受人摆布、排挤、愚弄。

当今社会是追求个性的社会，农村劳动者要想在激烈的竞争中立于不败之地，仅凭知识技能、老实本分是远远不够的，还必须具有鲜明丰富的个性。因为对个人而言，个性是个人的精神世界，而主体性是个性的核心内容之一，是个人生活的灵魂。一个人具有主体性，就不易受到生活、乡土、宗族局限，不易被社会传统、社会习俗或他人意志奴役，而是按照个人能力、爱好和机遇最大限度地工作和生活，获得更多的满足。当今社会又是富有挑战的社会，产业结构和技术结构的不断调整，加速了职业岗位和职业技能的更新和职业的转换，人员流动更加频繁，人们面临的挑战和竞争更多了，这对从业者的个性要求也更高了。真正有个性的人，是有独立人格的人，有反应力和掌握力、竞争力、抗挫力的人，有强烈的实现自我价值欲望的人。这种人不愿屈从于被动的分工，不愿固守一种职业，希望接受更多挑战，更加自主、自立和自强，个人价值不断增值。正因为这样，那些有个性的劳动者追求个性完美对职业教育的需求，往往比经济需求更加丰富。从这个角度说，农村职业教育应是向受教育者提供争取“在就业、地位和个人发展上更大空间和更公平机会”的个性教育。因此，职业学校要尊重受教育者的主体地位，重视和教育学生的独立性、自信心、表现欲，在教学、实验、学习、社会活动中，应考虑多给他们参与的机会，独立思考的余地，心理想象的空间，实践意愿的条件和检验知识的宽松环境，并不失时机地给予启发和引导，使他们的求知、探索、进取和追求成功的欲望得以强化，蕴藏的灵性和个性得以充分挖掘、显现、自主发展和自由发挥。

（三）农村职业教育应当重视创业教育

城乡就业统筹不仅为农村剩余劳动力就业提供了充分机会，而且为他们创业开拓出无限的空间。但是，农村劳动力普遍存在“离土不离乡”的思想，把土地视为“家底”、“保命地”，习惯于“坐地为牢”，热衷于“兼业”，原因主要是他们创业意识不强。日本的经验表明，农民“兼业”是农村现代化的“不治之症”，它极大地阻碍了农村劳动力的结构性变迁。从目前情况看，城镇大量的下岗职工和失业人员很难在短时间内充分就业，农村劳动力进城谋业的空间是有限的，必须自主创业，这既是谋生需要，也是一种社会责任和应尽的义务。从这个意义上说，实施城乡就业统筹后，农村劳动力学会创业比学会谋业更重要。因此，农村职业教育应把创业教育作为职业教育的重要内容来抓。

第一，积极传授新思想。在教育活动中，通过各种形式和渠道传播新思想、新观点、新技术、新方法，培养学生思维的广阔性、灵活性、独特性和预见性，强化学生的开拓意识、创新意识、创造意识。

第二，注意价值观引导。通过积极的引导教育活动，使学生树立远大的理想和正确的世界观、人生观、价值观，强化时代责任感、社会责任感和家庭责任感，明确价值取向，坚定创造有价值人生的信念。

第三，拓宽学生创业的知识面。如积极组织各种岗位资格培训，组织各种专题讲座和参观活动，介绍推广科技知识及其组织管理的方法，介绍申办经营项目实体的程序和相关法规，介绍应用技术及经营实体的成功经验。

第四，开拓创业实践空间。如积极与科研单位、工商企业、外资企业等单位合作办学、联合办学，让学生有机会通过创业实践、情景体验、创业研讨，熟悉创业过程，掌握创业技巧和方法，使他们在有意义的创业探索中诱发创业灵感，激发创业动机；在成功的创业喜悦中建立创业理念，坚定创业志向；在各种创业考验中磨练创业意志，端正创业态度。

第五，实行弹性学制和学分制，鼓励学生边学习、边创业、边提高。

（四）农村职业教育不能忽视素质教育

外出谋业的农村劳动力中，很多人不熟悉城市生活环境、生活规则和生活规律，对现代都市文明不适应、不习惯，不善于与都市人相处，协作意识不强。种种现象表明，农村劳动力缺少的不仅是文化技术素质，还缺少现代思想观念、法律意识、文明素养、心理素养等素质。因此，农村职业教育除了对农村劳动力传授文化技能外，还要坚持用现代文明影响和改造农村劳动力，向他们灌输现代文明思想、观念、意识。使他们的市场观念、竞争意识、服务意识和效率观念得到强化；使他们的人格更加完善，心理更加成熟，与环境更加相容、和谐；使他们注意克服宗法观念、小生产观念、小农意识和落后的行为方式与习惯，自觉地控制不良情绪，矫正不良心理和行为，真正具备适应现代化生产和现代生活的能力和素质。

第三节　新农村建设中职业教育的发展策略

自 1978 年，我国全面推进改革开放以来，经济得到了迅猛发展，平均年增长率达 9.5%，无论是中国的支持者，还是素来对中国持批评态度的人，都深深地为中国经济建设的成就而惊诧。但客观地说，在经济迅猛发展中，也确实存在着发展不平衡的现象，尤其是贫富差距、城乡差距等，解决上述问题，重点和难点都在农村。党的十六届五中全会通过了《中共中央关于制定国民经济和社会发展第十一个五年规划的建议》，明确提出了我国经济社会发展的奋斗目标和行动纲领，提出了建设社会主义新农村的重大历史任务，绘制了我国未来农村发展的宏伟蓝图。

社会主义新农村建设是一项系统工程，它不只是经济发展，还是政治文明、文化进步、社会和谐。其中，新型农民是最重要的因素。新农村需要能够从事复杂劳动（有“技术含量”）的劳动者，需要能够关注村庄、国家公共生活的政治人，需要具有良好教养的现代人。这些角色的成功扮演，都需要农村教育作为中介。

一、社会主义新农村的基本认识

长期以来，农业、农村、农民问题一直是决定我国全面建设小康社会进程和现代化进程的关键性问题，也是关系党和国家工作全局的根本性问题。没有农业的牢固基础和农业的积累与支持，就不可能有国家的自立和工业的发展；没有农村的稳定和全面进步，就不可能有整个社会的稳定和全面进步；没有农民的小康就不可能有全国人民的小康。农业丰，则基础牢；农村稳，则社会安；农民富，则国家昌。只有农民全员加入现代化进程，才能盘活国民经济全局，实现可持续发展；只有广大农村的落后面貌明显改变，才能实现更大范围、更高水平的小康。为此，中央审时度势，在十六届五中全会上作出了建设社会主义新农村的重大战略决策，为今后我国农村勾画出了“生产发展、生活富裕、乡风文明、村容整洁、管理民主”的新蓝图。

（一）“社会主义新农村”的内涵

“社会主义新农村”是指在社会主义制度下，反映一定时期农村社会以经济发展为基础，以社会全面进步为标志的社会状态。主要包括以下几方面：

一是发展经济、增加收入。这是建设社会主义新农村的首要前提。要通过高产高效、优质特色、规模经营等产业化手段，提高农业生产效益。

二是建设村镇、改善环境。包括住房改造、垃圾处理、安全用水、道路整治、村屯绿化等内容。

三是扩大公益、促进和谐。要办好义务教育，使适龄儿童都能入学并受到基本教育；要实施新型农村合作医疗，使农民享受基本的公共卫生服务；要加强农村养老和贫困户的社会保障；要统筹城乡就业，为农民进城提供方便。

四是培育农民、提高素质。要加强精神文明建设，倡导健康文明的社会风尚；要发展农村文化设施，丰富农民精神文化生活；要加强村级自治组织建设，引导农民主动有序地参与乡村建设事业。① 建设社会主义新农村，是构建社会主义和谐社会的必然要求，是统筹城乡发展，实现共同富裕的根本途径，是农村“三个文明”建设的可靠保证。

具体而言，所谓“新农村”包括五个方面，即新房舍、新设施、新环境、新农民、新风尚。这五者缺一不可，共同构成社会主义“新农村”的范畴。② 即要因地制宜地建设各具民族和地域风情的居住房，而且房屋建设要符合“节约型社会”的要求；要完善基础设施建设，道路、水电、广播、通讯、电信等配套设施要俱全，让现代农村共享信息文明；生态环境良好、生活环境优美，尤其是在环境卫生的处理能力上要体现出新的时代特征，使农民具备现代化素质，成为有理想、有文化、有道德、有纪律的“四有农民”；要移风易俗，提倡科学、文明、法治的生活观，加强农村的社会主义精神文明建设。

（二）社会主义新农村提出的历史背景

早在20世纪50年代，我国就提出过建设社会主义新农村，当时，我国农村社会生产力低，广大农民的温饱还难以保障，发展农业生产主要是解决农民的穿衣吃饭和粮食需求问题，建设新农村就是要维持农村和全社会的安定。正当几亿农民关心的问题逐步得到解决时，文化大革命爆发了，在那个

---

① 石磊. 浅析社会主义新农村建设［J］. 乡镇经济，2006（6）：18－20.

② 曹立群，高峰. 社会主义新农村：从奋斗目标到行动纲领［J］. 探索，2005（6）：4－7，18.

特殊的年代，“宁要社会主义草，不要资本主义苗”，农业生产发展缓慢，甚至停滞不前。改革开放之后，农村生产力获得了空前解放，各项事业都获得了飞速进步，农民一直盼望的“楼上楼下，电灯电话”变成了现实。这个时候建设社会主义新农村是两个文明一齐抓。这是在总结历史经验教训特别是文化大革命的教训的基础上，根据我国社会发展的实际，适应时代进步的要求提出来的。20世纪80年代初，我国又提出“小康社会”概念，其中建设社会主义新农村就是小康社会的重要内容之一。十六届五中全会提出的建设“社会主义新农村”，则是在新的历史背景中，在全新理念指导下的一次农村综合变革。

一是基于实现全面建设小康社会目标的难点和关键在农村。从总体来看，目前我国农业现代化举步维艰，农民收入增长困难重重，农村社会事业发展任务艰巨，制约农业和农村发展的深层次矛盾尚未消除，促进农民持续稳定增收的长效机制尚未形成，农村经济社会发展滞后的局面还没有根本改变。如果这些问题和矛盾不根治、不解决，经济社会的全面发展就很难赢得主动，就容易出现波折。

二是基于我国总体上已经进入了以工促农、以城带乡的新的发展阶段，初步具备了工业反哺农业、城市支持农村的经济实力。2004年我国国内生产总值达136 876亿元，二三产业占国内生产总值的比重达85%以上，财政收入2.6万亿元，人均国内生产总值达1 276美元，已经初步具备了工业反哺农业、城市支持农村的经济实力。① 必须按照统筹城乡发展的要求，加大对“三农”发展的支持力度。否则，尽快改变农村的落后面貌就会落空。

三是基于巩固农村改革和发展的成果，提高农业国际竞争力。加快农村改革，促进农村发展，不仅是广大农民的迫切愿望和全社会的普遍共识，更是应对社会主义市场经济发展挑战和参与日趋激烈的国际竞争的客观要求。建设社会主义新农村，必须继续通过改革找出路，通过创新促发展，积极建

① 李社军，朱忠旗，张平．城乡统筹：新农村建设的体制保障［N］．光明日报，2005-12-14.

立既符合市场经济要求，又符合国际通行规则的体制机制，使农民共享改革发展的成果。

四是基于缓解农村发展的资源、市场、体制三大制约，缩小日渐拉大的城乡差距，实现共同富裕。一个基本事实是随着我国综合国力的明显提升，工业化、城镇化速度加快，土地、资金等要素大量向城市集中，耕地在过去7年中减少了1亿亩，人均下降到1.2亩，相当于世界平均值的1/3，而农村人口却没有减少多少；[①] 城乡居民收入差距已由2004年和2005年的3.21∶1和3.22∶1扩大到2006年的3.28∶1，绝对额的收入差距已经达到8 172.5元；[②] 农村积累下来的种种矛盾，已经向国民经济发出了强烈的预警信号。因此，中央审时度势地提出，要下决心合理调整国民收入分配格局，实行工业反哺农业，城市支持农村的方针。

（三）对社会主义新农村建设目标要求的理解

中央将建设社会主义新农村的目标和要求概括为“生产发展、生活宽裕、乡风文明、村容整洁、管理民主”。这“五句话二十个字”是一种通俗表述，看起来似乎非常简单，但其内容十分丰富，涵义极为深刻，涉及农村经济建设、政治建设、文化建设、社会建设和党的建设等各个方面，全面体现了新形势下新农村建设的要求。

第一，要发展农村经济。推进新农村建设，必须把发展这个执政兴国的第一要务放在首位。提高农村生产力水平，繁荣农村经济，是新农村建设的首要内容，也是新农村建设的重要基础。一方面，要推进现代农业建设，用现代发展理念指导农业，用现代物质条件装备农业，用现代科学技术改造农业，用现代经营形式发展农业，转变农业增长方式，提高农业综合生产能力。将着重抓好五个方面：一是改善农业生产条件，提高农业综合生产能力；二是推动农业科技进步，增强农产品在国内外市场上的竞争力；三是继

① 西青区新农村建设办公室．新农村建设解读［N］．天津日报，2007－06－15．

② 于文静，孙侠．农业部：我国城乡居民收入差距扩大［N］．国际金融报，2007－09－14．

续调整农业结构；四是发展集约化农业；五是稳步发展粮食生产，确保国家粮食安全。另一方面，要加快农村经济全面发展，大力扩展农村非农产业，推进乡镇企业结构调整、技术改造和体制创新，加强县城和重点建制镇建设，提高经济集聚效应，不断壮大县域经济。

第二，要提高农民收入水平。实现农民持续较快增收，是推进新农村建设的核心任务。要采取综合配套措施，广辟农民增收渠道。一要保持粮食和农产品价格基本稳定，控制生产资料价格过快上涨，努力使种粮农民能够获得相应收益。二要充分挖掘农业内部增收潜力，发展高产、优质、高效、生态、安全农业；还要努力开拓农产品市场，建立现代流通体系。三要在稳定和完善农村现有农业补贴政策的基础上，逐步健全完善符合国情的农业支持保护制度。四要加快发展农村第二、第三产业，支持、鼓励和引导非公有制经济发展，增加农村劳动力就近转移就业机会。同时，要加强农村劳动力的技能培训，增强农村劳动力转移就业的能力。五要支持和引导农村富余劳动力外出务工经商，依法保障进城农民工的合法权益，改进面向农民工的各项服务。六要加大扶贫开发力度，提高贫困地区的人口素质，改善生产生活条件，开辟增收途径。

第三，要建设农村基础设施。一是应注重搞好乡村建设规划，统筹城乡土地管理，节约和集约使用土地，切实做到减少占用土地，高效利用土地。二是改善农村公共设施状况，解决农村饮水安全问题，加快乡村道路建设，继续完善农村电网。三是结合农村改厨、改厕、改圈，大力推广普及并积极发展适合农村特点的清洁能源，搞好农村环境保护，改变村容村貌，健全公共设施，改善人居环境，提高农民生活质量。须要说明的是，村庄建设是新农村建设的重要组成部分，但不能把新农村建设简单地理解为村庄建设。村庄建设必须建立在经济社会发展的基础上，重点是整治村庄环境，完善配套设施，节约使用资源，改善公共服务，方便生产生活。

第四，要推进农村社会事业。一是大力加强农村教育事业，全面普及九年制义务教育，积极发展职业教育，不断提高教育水平。二是加快农村公共卫生服务体系建设，基本普及新型农村合作医疗制度。三是继续实施农村计划生育奖励制度和“少生快富”工程。四是加强农村文化设施建设，积极推进广播电视“村村通”和农村电影放映工程。五是沿海地区和大中城市郊区等有条件的地方，应逐步建立农村社会保障制度。

第五，要树立农村文明新风。在抓好物质文明建设的同时，要切实加强农村精神文明建设和政治文明建设。农村精神文明建设，主要是满足农民多样化的文化需求，丰富农村文化生活，形成邻里和睦团结、干群关系融洽的良好风尚，使农村社会更加和谐。农村政治文明建设，重点是发展农村基层民主，加强农村党组织和基层组织建设，健全村党组织领导的充满活力的村民自治制度。

(四) 建设社会主义新农村的意义

(1) 建设社会主义新农村，是构建社会主义和谐社会的必然要求。社会主义新农村建设，与解决“三农”问题是相互统一的。在构建和谐社会的进程中，解决“三农”问题始终是全局性、根本性的问题。构建和谐的农村社会与城市不同，应与农村建设的实际紧密结合起来，把农村建设成为经济繁荣、设施配套、功能齐全、环境优美、生态良好、文明进步的社会主义新农村。

(2) 建设社会主义新农村，是统筹城乡发展、实现共同富裕的根本途径。社会公平、共同富裕是社会主义的本质要求，也是社会主义新农村的基本特征。社会主义新农村建设，要坚持以发展为重、发展为先，以经济建设为中心，通过加快农业产业化、农村城镇化和农业现代化的步伐，不断缩小城乡差距，从而实现农村社会由温饱到小康。

(3) 建设社会主义新农村，是农村“三个文明”建设的可靠保证。社会主义新农村建设是一个系统工程，对农村社会经济生活的各个方面都有明确的目标和要求，既包括物质文明建设，也包括政治文明建设和精神文明建设；既要促进农村经济发展，提高农民的生活水平，也要加强农村基层党组织建设，提高农民的科技文化素质，形成良好的社会风尚。

因此，建设社会主义新农村是新形势下促进农村经济社会全面发展的重大战略部署，是实现全面建设小康社会目标的必然要求，是贯彻落实科学发展观和构建和谐社会的重大举措，是改变我国农村落后面貌的根本途径，是系统解决“三农”问题的综合性措施。

二、服务新农村建设是实现农村教育功能的要求

社会主义新农村建设要求发展农村教育，提高农民素质。从社会主义新农村的内涵看，发展农村经济，加强农村民主建设，促进农村和谐，以及改善农村生产生活环境等，都以提高农民的科学文化素质为基础。只有广大农民提高其从事生产、参与基层自治和文明生活的基本素质，才能使农村经济、社会、文化及环境建设突破传统发展模式，走向更高的发展层次。这是新时代条件下，知识经济与信息社会对农村建设的客观要求，是我国科教兴国战略在农村、农业、农民问题上的具体体现。没有农民素质的提高，我国农村发展只能囿于传统的发展模式，低水平建设。因此，必须加快我国农村教育改革，促进农村教育发展，从根本上为广大农民参与终身学习，提高自身素质提供可靠保障。新农村建设要求加强农村教育，而农村教育的发展必然为新农村建设提供强大的精神动力和智力支持。

为了完成历史赋予农村教育的这一使命，必须根据新农村建设需要，把握好城乡统筹发展的大趋势，从新农民价值取向、培养目标的转变，到普职教渗透、课程开发、城乡职教统筹等进行相应的改革，切实把农村教育纳入新农村科技、经济和文化发展的轨道，以便充分发挥农村教育服务新农村建设的功能。①

（一）农村教育发挥服务新农村建设功能的必要性

首先，从教育功能的社会角度看，农村教育必须发挥服务地方建设的功能。在现代社会，经济的发展对知识和教育的依赖性十分强。当地新农村建

---

① 曾茂林．农村教育服务新农村建设功能探析［N］．中国农村教育，2006（11）：38－40．

设需要大批高素质的建设者，这就要求农村教育为其提供智力支持，需要提高农民的整体素质。但仅此还不行，还需要针对当地经济发展需要，进行专业人才培养。

其次，从教育功能的“人”的角度看。根据我国高等教育毛入学率2005年为21%，[①] 近年高等院校毕业生就业率多在70%[②]波动的现状估算，农村学生真正依靠升学走向城市的人还不到同龄人的15%。大部分接受义务教育后的学生，只能留下来建设新农村或进城务工。而学生和家长是很务实的，他们懂得对教育进行投入与产出的成本核算，一旦他们明白在升学路上走不通时，就立即调整方向。这时，家长和学生也便有了学习实用技术发家致富的要求，农村教育应该设法满足学生的这种要求。

最后，从教育功能“社会—人”的有机统一考察其必要性。在义务教育阶段，学生学到的技术虽然比较低级，但能根据当地农村经济发展需要开设课程，具有很强的针对性，能做到学以致用。教育功能本身就是促进学生社会化。一个接受了九年义务教育的学生，如果一点有用的技术都不具备，能说农村教育具有了社会化功能吗？因此，发挥教育为新农村建设服务的功能，不仅是地方发展的需要，也是发挥农村教育功能的需要。

（二）发挥服务新农村建设教育功能的现实性

首先，国家为农村教育服务新农村建设提供了政策环境。《中共中央国务院关于推进社会主义新农村建设的若干意见》第五条19款明确指出：“大规模开展农村劳动力技能培训，提高农民整体素质，培养造就有文化、懂技术、会经营的新型农民是建设社会主义的迫切需要。”[③] 这就是说，国家已经以文件形式肯定了农村教育为当地农村建设服务的功能。同时，也明确了农村教育担负着科教兴农，提高农村人口整体文化素质，传播时代文化精神的历史使命，切实把教育融入了建设社会主义新农村的实施进程之中，真正

---

① 周济．提高质量是大学创新主要追求［N］．人民网，2006-07-14.

② 教育部．2005年中国高校毕业生就业率为72.6%［N］．中国新闻网，2005-12-08.

③ 郎荐辕．关于推进社会主义新农村建设的若干意见［N］．新华网，2006-02-21.

把教育摆在了建设社会主义新农村的新的历史起点上。

其次，“三教统筹”，农村初中渗透职教，“绿色证书”教育等为农村教育服务新农村建设积累了系列经验。

最后，社会就业越来越专业化。入职资格限制、专业技术职称资格的规范化等大环境已经形成。社会用人制度日益成熟，这必然为教育作出相应的改革提出了现实要求，同时也为农村教育培养适应未来新农村的建设者作出了相对具体的规定。求职要求的规范化，通过用工制度反馈给正在务工的农民，通过他们间接传递给正在农村学校就读的学生，进而形成在校学生学习技术，了解市场经营知识的强烈动机，从而形成了培养新农民的现实需求。

三、新农村建设中职业教育的发展策略

（一）职业教育在新农村建设中的地位

农民问题是新农村建设中的基本问题。农民是一种需要知识的职业，也需要系统接受职业培训。全面建设小康社会，农村是关键，农民是主体。促进农村、农业经济的发展，关键在于农民素质的全面提高。农民掌握了知识，提高了素质，才能充分利用先进技术成果，进行规模经营、产业化生产，创建科技型农业，才能增强农村经济发展后劲，促进农业、农村经济结构调整，实现农民整体收入的提高。因此，发展农民职业教育是解决“三农”问题的重要突破口之一。

职业教育对社会主义经济发展和社会主义新农村建设紧密相关。近年来，国家深入推进九年义务教育基础工程，有效避免了新文盲的产生。对农民进行系统教育，发展农村的职业教育势在必行，必须发挥职业教育的重要作用，利用县乡职业中心、成职联校，培养具有科学知识的新型农民生力军队伍，逐渐转变不注重科学的农耕观念。特别是在农村劳动力转移中，以培训为主的成人教育至关重要，目前，一些需要劳动力的城市，对劳动力拥有一定技能的要求很高，这就需要岗前培训来适应市场需要，选择一些易懂、易接受、技术含量高的技能传授给劳动力转移人员。

（二）职业教育在新农村建设中的作用

1. 促进农村剩余劳动力转移

随着产业结构的调整升级，劳动力就业结构正在发生深刻的变化，无论是就地向非农产业转移还是向城镇转移就业，农民都必须接受一定的技能培训和职业教育，而农村职业教育比农村义务教育更能直接提高农民的生产能力，在农村剩余劳动力的有效转移中作用重大。目前，一大批职业学校的毕业生也走上了工作岗位，他们利用一技之长成为科技致富的带头人。另外，对那些升学无望，致富乏术的新增农民，发展农村职业教育，进行实用技术培训，让其掌握一定的职业技能，防止其转为贫困人口更是当务之急。因此，职业教育是将科学技术转化为生产力和扩展生产力的最直接的手段和桥梁。让无业者有业，让有业者乐业，只有大力发展职业教育才能让农村剩余劳动力实现有效转移，才能顺利推进社会主义新农村建设。

2. 促进农业产业化发展

农村职业教育的主要功能之一，就是结合时代发展的特点，通过实用技术教育，农作物科技知识推广来提高农民的劳动技能。农民作为农业生产力的重要因素之一，其劳动技能越高，意味着农业生产力水平就相应地提高。农村产业的不断升级和转换，必然要求对农村居民分层次、有计划、有重点、持续不断的职业教育和继续教育。对骨干农民的职业教育和专业农民、先导农民的培养，不仅要使之具备规模经营和提高产品附加值的能力，还要有能力不断引进新技术，提高农业科技和经营水平，通过农业结构调整和优化，发展特色农业、优质农业和效益农业，提高农业市场化和生产率，降低生产经营成本，提高国际竞争力。

3. 促进农业产业结构调整

一是职业教育的实时性服务于农业结构调整。农业结构调整是一个动态的过程，随着经济发展、市场、地域、时间等因素的变化而变化，要求参与农业结构调整的农民必须具备常变常新的农业生产技能。职业教育始终关注生产生活的发展变化，时刻注意把最有效、最迫切、最实用的技术传授给被教育者，集中体现了时代和社会的需要，具有很强的实时性。

二是职业教育的实用性服务于农业结构调整。职业教育的“双师型教师”和“生产实训基地”等教育模式和特点，决定其与生产息息相关、紧密结合，职业教育教授的生产技能都是实用技术，职业教育注重的就是实用性。

三是职业教育的市场化与农业结构调整相匹配。在市场经济条件下，农业结构调整必须针对市场需求，才可能实现最大的经济和社会效益。职业教育是与产业靠得最近的一种教育类型，其专业设置和就业导向都是针对市场需求来组织实施的。

四是职业教育的信息化促进农业结构调整。农村职业教育注重产学结合的教育模式，教师、计算机、互联网、实习平台都是学生获取最前沿信息的有效途径。因此，职业教育能促进农村产业结构调整。

4. 提升农民组织化程度

职业教育机构在招收学生阶段，在职业教育学习阶段，在劳动力转移阶段，由于与自身物质利益密切相关，其本质上已经充分发挥了组织的作用，提升了农民的组织化程度。当前，在农业生产中，农民组织化程度的低下加剧了家庭分散经营与现代化、市场化之间的矛盾，加大了农业生产面临的市场风险，阻碍了农业技术的进步。在劳动力转移过程中，组织化程度的低下使劳动力缺乏有序的培训、有组织的输出，也在很大程度上影响了农民主体作用的整体发挥。农民的主体作用要形成整体合力，提高农民的组织化程度是重要的条件。因此，首先要大力加强农村基层党组织建设，农村基层党组织是党在农村的全部工作和战斗力的基础，也是建设新农村的组织者、实施者。要着力提高农村党员干部的素质和能力，把那些有改革开放意识、市场经济意识、真抓实干精神的“能人”选拔到村党支部和村委会中，选好配好建设新农村的带头人，充分发挥农村基层党组织提高农民组织化程度的引领作用。其次，要充分发挥农村民间团体联系政府和农民群众的重要桥梁和纽带作用。重视并多方面扶持农村老年协会、妇女协会、合作社组织等的健康发展，以有效地组织农民、协调各方、化解矛盾。通过加强农村基层党组织建设，发挥民间团体的桥梁纽带作用，提供强有力的组织保障，把农民分散的能力整合为系统的合力，从而有效地提升、发挥农民主体作用的能力。职业教育为农村提供专业组织人才，促进农民组织化程度的提高。

5. 推进农村文化建设

农村文化建设集中地表现为消除消极因素、封建残余等不健康思想文化流毒对农民的影响，巩固以爱国主义为核心的民族精神，建立以改革创新为核心的时代精神，树立艰苦奋斗、自力更生的传统美德，实施公民道德建设工程，推动群众性精神文明创建活动，形成崇尚科学，抵制迷信，移风易俗，破除陋习，思想观念先进、道德风尚良好，生活方式科学健康，社会风貌文明向上的农村精神文明氛围。职业教育对农村文化建设的作用体现如下：

一是职业教育的包容性。职业教育专业设置灵活，可以根据需要及时组织实施，可以根据各个区域的农村文化建设需求，及时设置短期培训课程。采取灵活多变的教学形式，如“科技下乡”、“文化下乡”、“农业技术推广”等活动。在农村形成尊重科学，热爱科学的良好氛围。

二是职业教育的教化作用。农村职业教育同时包含了基础教育的功能，即教化陶冶广大农民。农村职业教育涵盖职业道德教育和基础政治教育，既可以对农民进行思想政治教化，让他们形成爱国、爱党、爱人民的良好风尚，又可以帮助其掌握使用生产技术，促进增产增收。

三是职业教育促进性。职业教育把大批农村劳动力成功地转移到城镇，进城农村劳动力促进了农民增收，把更多的金钱带回农村，投入到下一代的教育上，总体上提升了农民的受教育程度；农民增收以后，使其可以享受更好的医疗设施和社会保障服务，过上比较健康的生活；农村劳动力转移带来连动效应，先转移到城镇工作生活的农村劳动力，发挥“一带一、一帮一”效应，帮助更多的农村劳动力转移到城市，形成良性循环。

6. 职业教育是培养新型农民的平台和主渠道

培养和造就新型农民，应从培养和供应建设新农村需要的各类实用专业技术人才入手，创新职业技术教育。

一是在观念层面上要确立科技、教育振兴农业的基本理念，把发展农民职业教育作为建设社会主义新农村，实现农业跨越式发展的重要途径之一。

二是要把农民问题作为“三农”问题的核心，把农民教育、培育新农民作为解决“三农”问题的突破口和关键。

三是要进一步拓宽培养社会主义新农民的教育内容。当今，农业已不是传统的种植业、养殖业的概念，而是“农、工、贸”结合，一、二、三产业并举协调的大农业概念，因而要充分考虑农民兼业性的特点，注重适应农民对工业、运输业、建筑业、餐饮服务业等主要兼业投向的不同规格人才的需求，增加教学内容的宽度，确定相应的教学内容，逐步引导农民在非农产业就业中，向新兴的劳动密集型产业转移，拓宽就业致富的新路径，满足农村劳动力转移的需要。

四是培养社会主义新农民的课程内容要符合“三性”要求：

① 适应性：适应农业、农村发展的多样化需求，适应培训对象的实际要求；

② 先进性：课程内容要突出当代新的科学知识、技术知识、管理方法、技术手段，使农民开阔眼界、思路，增长知识，满足其兴业致富的需要；

③ 实用性：课程内容必须突出实用性、实效性，针对不同对象，满足其实际需要。

培训社会主义新农民的主要模式有企业带动模式、创业培训模式、学校教育模式、就业牵动模式、农业推广模式等。

(三) 新农村建设中职业教育的发展策略

1. 合理定位农村职业教育的社会功能

农村职业教育是建设社会主义新农村的重要支撑力量，要能切实促进“生产发展、生活宽裕、乡风文明、村容整洁、管理民主”，农村职业教育在其自身功能定位上，首要的就是必须突破经济功能或升学功能的束缚，兼顾政治、经济、文化等多方面功能的有效发挥。在农村职业教育中，不能为培训而培训，满足于“匠人”的培养，要做到“治贫”与“治愚”双管齐下，既要加强对学习者的科学知识、科学技术教育，也要注重对其进行现代观念、文明准则、乡规民约的教育，帮助他们增强遵纪守法意识，树立科学发展观，消除小富即安、封闭保守、急功近利的短期行为，推动农村居民逐步形成健康文明的生活方式和积极向上的生活情趣。

同时，农村职业教育为社会主义新农村服务，为地方经济发展服务，也绝不是仅仅面向本地经济需要培养人才，仅仅将农村人才固守在本土。在服务范围上，农村职业教育也要主动拓展，做到既满足当地经济社会需要，又满足更大范围区域需求，为跨地区甚至跨国界劳动力流动提供有效教育服务。

此外，就农业职教机构而言，也不能仅仅满足于教学功能的发挥，而要善于挖掘现有资源的潜力，力争成为地方农业科研、生产、服务、示范的中心。一些有条件的农业院校可以在农村环境保护、国土整治、农业景观、乡村旅游等方面发挥重大作用，也可以主动将大型农业机械开出校门，为农户耕作、收获服务。这些功能的充分发挥，不仅有利于提高农业职教的地位，扩大农业职教的影响，而且有利于为农业职教自身的生存与发展赢得广阔的空间。

2. 科学界定农村职业教育的培养目标

农村职业教育究竟应培养怎样的人，是为第一产业还是第二、第三产业培养人才，这是每一位农村职业教育工作者必须思考而且要首先回答的问题。长期以来，我国农村职业教育沿用传统的专业定向教育模式，强调要实施“爱农教育”、“支农教育”，反对“离农教育”、“跳农教育”，对促进农村人才的培养、农业经济的振兴起到了一定的积极作用。但随着时代的发展和社会的进步，用现代工业武装农业，用高新技术提升农业，用先进的经营方式管理农业，以城市为中心架构农业，将是现代农业的重要特征。为此，当前农村职业教育应该符合和贴近农业、农村、农民发展的实际，确立“立足农村，面向城市；立足农业，面向工业；立足农民，面向市民”的办学理念。在具体培养目标的制订方面与时俱进、因地制宜，体现多样化和综合化的特点，既满足扎根农村的农民职业教育的需要，又适应农民走出农村，走向城市生活的教育需要。实现由单纯培养农业技术人员到既培养农业也培养非农业技术人员，由培养传统农业技术人员到培养现代农民的转变，以及由培养单一技能型人才到培养复合应用型人才，由单纯培养农民到既培养农民也培养市民的转变。

3. *灵活选择农村职业教育的办学模式*

在建设社会主义新农村的过程中，我们要树立大职教观，适应不同的培养目标和农业生产的特点，灵活举办农村职业教育，积极推行弹性学制，采取农科教结合、职前职后结合、长短结合、学历教育和非学历教育结合的方式，实现办学模式的多样化。通过开办农业冬季讲习班、农村青年培训学校、农业广播学校和农业函授学校等，甚至通过出版物、广播电视、电话指导等非直接传播渠道，广泛推广农业生产技术、宣传现代观念，扩大农村职业教育的覆盖面、影响面和受惠面。

4. *有效加强农村职业教育的内涵建设*

高质量、高效益是农村职业教育不懈追求的目标，也是其得以发展的根本保证。为进一步提高我国农村职教的办学质量，在办学指导思想方面，我们要实现由供应驱动向需求驱动的转变，关注社会对从业人员素质要求的变化，及时把握农村产业、行业结构调整的信息，开展毕业学员的跟踪调查，深化教育教学内容的改革。针对农村职业教育的现状，在内涵建设方面目前尤其要强调两方面：

第一，突出实践教学。实践操作能力的培养应是农村职业教育的特色与优势。英国农学院学生入学后多半实行的是“一年学院全日制，一年农场实践，再一年学院全日制”的“夹心面包”式分段教学，德国农业学徒实行的是每周 3－4 天在企业里实习，1－2 天在职业学校接受理论知识传授的“双元制”培训，都体现了以实际操作训练为主的教学方针。我们要借鉴国外的办学理念，进一步根据“就业导向”和“订单培养”的要求，强化农村职业院校的实践教学环节，适当延长实习时间，提高实习质量，改变“黑板上种田”的尴尬的教学局面。

第二，开展创富教育。实践操作能力固然重要，而创新精神和创业能力比职业技能的培养更可贵。当前，我国农村劳动力总体过剩，城市消化农村剩余劳动力的能力又极为有限。因而，我们要在农村职业教育中有意识地渗透创富教育，激发学习者的创业勇气，增强他们的创业信心，教给他们创业方法，帮助他们了解创业政策，力争使每一位学习者都能够有胸怀远大的创富理想，成为一名积极主动的创富人，引领一方农民共同走上致富之路。

第五章　中国农村成人教育发展探析

第一节　新农村建设背景下的农村成人教育

农业、农村和农民问题始终是关系我国国民经济和社会发展的重大问题。农民是建设新农村的主体，实现农业和农村现代化需要培养千千万万高素质的新型农民。目前，我国农村劳动力素质不高，影响了现代农业建设，也影响了城乡统筹协调发展，进而影响到全面建设小康社会的进程。建设新农村必须全面提高农民素质，而教育是新农村建设的基础和重要内容，这就对农村成人教育提出了新的更高的要求。

一、大力发展农村成人教育的意义

1. 新农村经济建设要求大力发展成人教育

建设社会主义新农村要求在经济上实现跨越式发展。积极推进农业结构调整，按照高产、优质、高效、生态、安全的要求，加快建设优势农产品产业带，着力培育一批有竞争力、带动力强的龙头企业和企业集群示范基地，推广龙头企业、合作组织与农户有机结合的组织形式，实现农业产业化经营。在新农村经济形势下，部分农民的工作环境将从“面朝黄土背朝天”的田间地头转到车间工厂，新农业对农民的文化素质要求将从目不识丁提高到有文化、懂技术和会经营。另一方面，伴随着农村的现代化，农村将日趋城镇化，大量剩余劳动力将从第一产业转向第二、第三产业，这也要求从业人员具备较高的文化素质，尤其要具备一定的专业技能。农村经济结构优化、农村人口角色转变都要求大力发展成人教育，培训新农村经济需要的人力资源。

2. 新农村政治建设、社会建设要求大力发展成人教育

建设社会主义新农村政治，要求进一步健全村党组织领导的充满活力的村民自治机制，完善村务公开和民主议事制度，让农民群众真正享有知情权、参与权、管理权和监督权。这就要求成人教育和培训要对广大农民开展普法教育，增强农民法制观念，提高农民依法行使权利和履行义务的自觉性。和谐农村包括家庭和谐、村组和谐、村镇和谐。这就要求成人教育和培训要引导农民积极推动群众性精神文明创建活动，崇尚科学，抵制迷信。树立先进的思想观念和良好的道德风尚，提倡科学健康的生活方式，在农村形成文明向上的社会风貌。

3. 新农村文化建设要求大力发展成人教育

文化的传承和创新需要教育，农村新文化的建设更需要农村成人教育的支持。成人教育不但要传授农业方面的科技知识，还要根据农民的文化需要和“求富、求知、求乐”的特点，大力倡导健康、文明、科学的文化和生活方式。推进乡风民俗新风尚建设，继承发扬尊老爱幼、邻里和睦、遵纪守法、遵守社会公德等良好风俗。

4. 新农村党的建设要求大力发展成人教育

新农村党的建设要求增强农村基层党组织的战斗力、凝聚力和创造力，充分发挥农村基层党组织的领导核心作用，为建设社会主义新农村提供坚强的政治和组织保障，这就对农村成人教育和培训提出了新的要求。一方面，应结合保持共产党员先进性教育活动，着重加强党的思想理论教育和民主法治教育，增强农村干部党员的政治意识、宗旨意识、大局意识和法制意识；另一方面，加强市场经济知识培训，不断增强农村党员干部带领群众发展经济的本领，使他们想干事、敢干事、能干事、干成事，真正成为社会主义新农村建设的带头人。

二、我国农村成人教育的现状和存在的问题

我国农村成人教育起步较晚，发展不平衡，总体上落后于其他教育。由于农村成人教育未能与基础教育、职业教育统筹协调发展，缺乏专职教师，办学条件不足及一些地方政府不够重视等，造成农村成人教育面临严重的困境。目前，农村成人教育存在的问题主要有以下几个方面：

1. 师资队伍建设状况不佳

农村成人教育专职教师数量不足，亟待补充。现有教师整体上素质较差，学历不达标，理论水平不高，并且教师队伍不稳定。从事农村成人教育的教师工作条件艰苦，待遇较低，一部分教师因难以承受这种清苦的工作而调离。有些教师缺乏农业科技知识和农业种植、养殖、农产品加工等方面的实践经验，农村成人教育的效果不明显，农民群众接受教育的热情不高。

2. 投入严重不足

“跨世纪青年农民科技培训工程”每年投入5 000万元，2006年后该工程由新型农民科技培训工程取代；2004年农业部等六部门共同启动实施农村劳动力转移培训“阳光工程”。2007年这两大农民培训工程中央财政总计投入11亿元，虽增幅较大，但基数太小。据了解，“新型农民科技培训工程”是目前国家专门针对提高留乡农民的培训专项，2007年投入只有2亿元，因而农民培训的覆盖面、培训的质量和效果难以保证。另外，国家长期以来对农民培训基础建设投入很少，尤其是对乡村农民培训基础建设的投入几乎没有，乡村农民培训条件极其落后，有相当一部分乡村连一个教室和几张座椅都难以保证。[①]

3. 办学规模需要进一步扩大

近年来，全国各地相继兴建了一批条件比较齐全的成人教育学校，乡镇成人学校建设有了重大突破。但是，应当指出，农村成人教育办学规模仍显

① 李瑞. 加快农民培训体系建设刻不容缓［N］. 中国财经报，2007-11-29.

不足。目前在全国4万多乡镇中，有独立建制的成人文化技术学校只有2 000所左右，其中大多数学校只能进行一些简单的农村实用技术培训。在一些经济发达地区，乡镇成人文化技术学校较为普及，达标率相对较高。在一些经济比较落后的地区，乡镇成人文化技术学校则大多处于无固定场所办学的状态。

教育部门的统计显示，我国现有农村劳动力4.8亿，其中高中以上文化程度的占12.4%，农村劳动力的平均受教育年限为7.3年；农村劳动力中，接受过短期培训的只占20%左右，接受过初级职业技术教育或培训的只占3.4%，接受过中等职业教育的只有0.13%，没有接受过技术培训的高达76.4%。我国进城农民工大约有1.2亿人，其中初中文化程度的占66%。农民工普遍缺乏就业培训机会，技能素质不适应劳动力市场需求的问题十分突出。①

开发农村人力资源，转移农村剩余劳动力是实现农村全面小康的关键。而要转移农村剩余劳动力，就必须加大对农村劳动力的教育和培训力度，使之定期化、经常化。以目前的情况来看，乡镇成人文化技术学校还很难胜任这项工作。

4. 办学模式欠灵活，教育内容、方法不切实际

目前农村成人教育的主要形式是开办农民文化技术学校，教育的内容主要是对农民进行扫盲和文化技术培训。由于教育缺乏针对性，内容陈旧，层次不高，办学形式单一，忽视专业技能培训，教育方法不灵活，不符合农民群众的要求和特点，因而难以调动广大农民的学习积极性，难以满足因农村经济结构调整对人才质量、专业和数量等方面的新要求，从而也就难以发挥农村成人教育为地方经济建设和社会发展服务的功能。

5. 政府和社会重视不够，教育体制存在弊端

农村成人教育与农村基础教育、职业教育各成系统，不能协调发展。政

---

① 李瑞. 加快农民培训体系建设刻不容缓［N］. 中国财经报，2007-11-29.

府管理不到位，致使其容易脱离农村实际生产、生活的需要。目前农村成人教育经费主要靠国家拨款，由于政府不重视，因而办学设备差，教师待遇低，很多农村成人学校成了无师资、无经费、无场所的“三无”学校，严重束缚了农村成人教育事业的发展。实现农村全面小康需要发展农村经济，发展农村经济必须提高农村劳动力的素质，而提高农村劳动力的素质依赖于农村成人教育和其他教育的发展，以培养出适应全面建设农村小康社会需要的有文化、有技术、懂科学的新型农民。为此，必须深化农村成人教育改革，紧紧围绕农村全面小康社会建设这一目标，深入探索农村成人教育的发展规律和途径。发展农村成人教育，是实现农村全面小康的重要举措。为此，必须积极探索发展农村成人教育的途径和对策。

6. 农村成人教育发展持续滑坡

随着“两基”目标的实现，目前扫除剩余青壮年文盲和脱盲巩固提高工作基本停顿。不少乡镇成人文化技术学校已改作他用，教育资源严重流失。进入 21 世纪，虽然中等职业教育得到重视，“农村劳动力转移培训工程”力度不断加大，但针对农业生产的农业技术推广培训始终未得到应有的重视。教育系统的农民技术培训更是持续下滑，尤其是乡村两级农民技术培训学校的招生数和在校生数减少较快。

7. 缺乏与农民培训和农业科技推广相关的法律法规保障

农业科技培训没有统一而明确的资金保障和组织保障，一些过去承担了大量农业科技培训工作的基层推广站不是撤了就是并了，乡镇、村级成人学校如果不是及时转型或争取零敲碎打的培训任务，许多都难以维持。

三、推进农村成人教育的策略

1. 转变观念，增加危机意识

农民的思想意识和价值观直接影响着农业和农村经济的发展，要想尽快改变农村经济和社会发展的落后状况，必须从发展农村各级各类教育，全面提高农民素质入手，使广大农民能尽快适应市场经济和知识经济时代的要求，适应现代农业及其相关产业生产劳动的要求。农村成人教育在向他们传播先进文化和科学技术的同时，要将转变思想观念作为首要任务，向他们宣传终身教育的理念，转变落后的传统观念和习惯，逐步形成科学、文明、健康向上的风尚。

社会与经济的发展最终要求的是人的素质的改变，而转变各级党政领导的观念是关键。政府部门在考虑地方经济发展时，必须充分认识到教育投入是生产性投入，把农民的学习、教育问题列入重要议事日程，为农民学习创造良好环境。重视与大力发展农村成人教育，是衡量各级地方政府驾驭现代农业和宏观经济能力的重要尺度。农村成人教育不仅是解决农业增收、农民致富、农村人口生活质量提高的现实举措，而且是事关国家长远发展的大事。让农民接受不同层面的成人教育，成为新农村建设中的一员，既是他们自身的事，更是政府的事。所以，政府应在提高认识的基础上，积极创造条件，提供有力保障，为农村成人教育营造良好的社会环境。

2. 建立农村经济与社会发展的信息平台和农村成人教育制度

信息匮乏已成为制约经济发展的瓶颈，特别是对农村经济发展的制约尤为突出。信息鸿沟是城乡经济发展不平衡造成的，是农村思想观念和工作生活方式相对滞后的重要原因。信息化建设的滞后，使农村无法得到快速、准确的科技与市场信息，农业新技术和市场开发利用也受到严重影响。为此，新农村建设必须把农村成人教育信息平台建设纳入建设范畴，加大投入和推广度，加快农村成人教育网络的普及和应用，建立国际国内城乡信息沟通的有效平台，加强信息交流，实现互补和资源共享。

当前新农村建设的主要任务是要大力发展以提高农民综合素质和劳动技能为目的的成人教育和职业教育，逐步建起符合新农村建设要求的教育格局。实践告诉我们，在某个地区或某个阶段，农民学文化、学科技知识并不都是自觉行为，政府除了大力宣传、发动、引导外，还需采取相应的行政干预措施。因此，必须强化政府行为，通过拨款、立法及方针政策进行宏观调控，建立政府统筹、教育主管、相关部门配合的农村成人教育办学体制，从制度上保证农村成人教育工作的开展。

3. 加大农村成人教育投入

资金投入量是影响农村成人教育的重要因素，只有加大投入真正改善办学条件，使人才培养具有针对性和实效性，才能培养出农村需要的各类实用人才，带动农民提高收入，得到农民的认可，并使农村成人教育真正在新农村建设中发挥不可替代的作用。近年来我国教育投入状况已有一定改善，但对发展农村成人教育的财力支持依然十分有限，与发达国家相比差距十分明显。据资料显示：英国成人教育经费的70%由政府提供，美国每年用于成人教育的经费约600亿美元，德国成人教育投资占教育总投资的15.3%。而我国目前成人教育投入仅占教育事业总经费的0.6%左右，用于农村成人教育的经费份额更是微乎其微。① 同时，基层政府对发展农村成人教育的重要性、紧迫性认识不足，往往拖欠或挪用农村成人教育经费，造成农村成人教育经费严重短缺，严重阻碍了农村成人教育的发展。而把农村成人教育寄希望于收费办学或引入市场机制也是不现实的，尤其是在欠发达与不发达地区，农村基础教育尚且举步维艰，成人继续教育谈何容易。为此，政府应加大对农村成人教育的投入，在教育资源有限和吸收社会资金困难的情况下，以法规的形式确立一个农村成人教育经费保障机制，确保县乡财政对农村成人教育的投入不断增加。同时，可以考虑将资金使用效果不佳的部分扶贫资金投入到以提高和改善人力资本为目的的成人教育上，结合财政拨款、农村金融机构小额贷款以及民间资金，进一步拓宽农村成人教育的投资渠道，从而推动农村成人教育的健康有序发展。

4. 发挥县乡职教中心资源优势

农村经济的快速发展，离不开大批高素质的劳动者和初、中级技术人才的支撑。有专家预测，随着我国城市化进程的加快，到2020年全国将有

---

① 李凡荣，田名成，等. 发展农村成人教育，推进科教兴农战略［J］. 继续教育研究，2001（2）：20－23.

2.2—2.3亿人口从农村转移到城镇。① 但是，目前的问题是农村富余劳动力的文化素质偏低，综合素质不高，缺乏一技之长，就业能力不强，严重制约了农村劳动力转移的规模、速度及就业选择。为适应和服务于区域农村经济建设和社会发展，县乡职教中心要注意研究当地经济发展形势和劳动力市场的变化情况，了解当地的产业结构和经济建设对专门人才的需求，主动面向市场、服务市场，实行学历教育与职业培训并举，采取多种形式办学，积极扩大服务功能，使县乡职教中心真正承担起培养有文化、懂技术、会经营的新型农民的历史使命，为社会主义新农村建设作出贡献。

5. 大力发展社区农民教育

新农村建设是我国现代化进程中的重大历史任务，一方面为社区农民教育提供了崭新的发展空间，同时也带来了前所未有的严峻挑战。农村城市化、农民市民化是社会主义现代化的必然趋势。农民是新农村建设的主体，有了新型农民才谈得上建设新农村，培养千千万万高素质的新型农民，离不开农民栖息生活的社区。这就要求农村成人教育进一步强调建设层次分明、结构合理、布局科学、开放有序的农民教育体系；整合各类教育资源，综合利用教育资源，统筹农科教；构建农村社区终身学习体系，建设学习型组织，促进人口素质的全面提高。实际工作中，还要把科技、农业、妇女等部门的各类教育培训与农村成人教育有机地融为一体，有效地提高农村成人的整体素质。大力发展社区农民教育，对推进农村城市化和现代化将发挥重要作用。

6. 整合教育资源，提高农村成人教育整体效益

农村成人教育是新农村建设的基础，一个繁荣发达的农村，必然要有先进、健全、科学的成人教育体系。要以农村成人教育服务网络体系建设为基础，整合现有各类职业技术教育资源，充分发挥各级各类成人教育中心校、

---

① 秦玉友，杨兆山. 农村社会阶层结构变迁与农村教育发展重新定位［J］. 当代教育科学，2005(1)：9—11.

农村职业技术学校等基地作用，多渠道、多领域、多形式开展职业教育和培训活动。在巩固扫盲成果的基础上，将农村基础教育、职业教育和成人教育统筹结合，使三者有机衔接、分工协作并相互沟通，提高农村成人教育的整体效益。成人教育和职业教育本质特点是相同的，成人教育拓宽了职业教育的范畴，职业教育丰富了成人教育的内涵。促进农村职业教育更好地为当地社会经济服务，是完善农村成人教育发展的重要保证。把农业、科技、教育有机结合起来，把农村成人教育、职业教育作为新农村建设的重要内容。把提高农村劳动者素质与培训先进科技应用、智力开发与经济资源开发、科技进步与思想进步有效结合起来。大力发展农村业余初等和中等教育、农民的实用技术培训、农村乡村文化技术学校。把农村成人教育办成农村综合发展服务的基地，使农民通过学习和培训掌握各种实用技术，同时还可以进行家长教育、妇女教育、健康和卫生教育等非正规教育。

7. 健全法律法规，依法规范农村成人教育

经济全球化和市场经济的发展，给农村成人教育立法提供了新的要求和新的机遇。经济全球化要求依法规范经济运行，而市场经济实质上就是法制经济，要求一切经济和社会活动都必须在法律的规范下进行。同样，农村成人教育也要依法进行。随着形势的发展，现有的调整农村成人教育的政策、法规已不符合实际需要。它们大多是在计划经济时期制定的，比较分散，有的相互之间还存在着冲突。近些年来，农村成人教育有了一定的发展，也积累了一些教育实践经验和理论成果。农村成人教育的成人性、多次性、灵活性、社会性等特点也日益显现出来，因此农村成人教育立法的时机和条件已经成熟。在立法时，也可借鉴国外一些先进的立法经验，吸取其合理的成分，以便使我国的农村成人教育立法更加完善，从而为实现农村全面小康提供更加有力的教育和立法保障。

第二节 面向知识经济的农村成人教育

知识经济时代的到来，对农村成人教育提出了新的要求，面向知识经济的农村成人教育面临着严峻的挑战和重要的发展契机。

一、知识经济的概念和内涵

知识经济（Knowledge Economy），亦称智能经济、信息经济或新经济。国际经济合作发展组织（OECO）为其下的定义为：知识经济是指建立在知识和信息的生产、分配和使用基础上的经济。也就是说，在经济活动中，知识作为一种生产投入的作用越来越重要，知识投入可以代替物质投入，从而达到节约物资资源，提高经济效益的目的。知识经济是和农业经济、工业经济相对应的一个概念，它是一种全新的基于最新科技和人类知识精华的经济形态，它以不断创新的知识为主要基础，是一种知识密集型、智能型的新经济形态。①

知识经济就其本质而言是一种以知识为基础的经济增长方式，是建立在知识和信息的生产、分配和使用之上的经济形态。在知识经济时代，各类知识将更广泛地深入到经济活动的过程中，从而改变经济整体的内涵，使经济发展的规律、经济运行形式和经济增长方式发生根本性的变化。

知识经济与“农业经济”和“工业经济”不同，它的内涵主要体现在以下三个方面②：

（1）知识资本成为比物质资本更重要的资本形式。在知识经济时代，经济发展将主要取决于知识的大量生产，快速传播，及时汲取和有效应用产品

① 刘鲁庆. 论知识经济与农村教育 [J]. 中国成人教育，2002（4）：79－80.

② 邢连德. 面向知识经济的农村成人教育 [J]. 成人教育，2004（3）：39－40.

和服务中蕴藏的知识量将成为竞争的基础。

(2) 人力资本是社会中最宝贵的财富。知识资本包括人力资本和结构性资本，人力资本代表了个人解决问题的能力，它不仅以文化和技能等智力知识的形式存在，同时也体现在个人的价值信念等非智力知识中。

(3) 创新是知识经济的灵魂。知识经济是一个不断创新和学习的经济，创新加速了知识的形成和扩散，促进了知识的有效利用。

二、不同经济社会中的教育功能

在农业经济社会中，人们的生存是建立在人的体能同自然资源有效结合的基础上的。由于其固有的封闭性，人们对知识的需求往往受时空的局限，被限定在农村社区的狭小范围内，即只要掌握一定社会空间范围内长期形成和延续的乡土知识（农业社会运行的各种规范），便基本上得到满足。而对知识的获得是通过言传身教、社会实践等途径实现的。在这种社会中，教育以获得生存以外的知识为目的，对一般农民来讲便成为一种“奢侈品”。而且人们交往的范围有限，在比较封闭的社区环境中，技能和智能的作用对象是十分有限的。

在工业经济社会中，农民仅仅满足于社区已有的乡土知识是远远不够的，随着生活生产空间的扩大，人们需要借助社区外的资源（当然主要是物质性的），要同社区外的人们进行交往，需要掌握和应用建立在现代知识基础上的各种类型的科学技术。教育对人们来说就成为一种“必需品”，即缺少最基本的教育过程，人们的生存会在一定程度上发生危机。对必要知识的获取是通过正规的学校教育和技术培训而实现的。

而在知识经济社会里，人们将知识的创造本身作为经济运行的重要内容和成果，信息作为一种最重要的资源形态，主导着人们生产经营的方向和方式。时空观的进一步扩大和激烈的竞争等对人的能力提出了更高的要求，而智能的发育显然是教育积累的结果。在这种社会中，教育便成为一种重要的

"资本品"。知识愈多，对信息的驾驭能力愈强，表明其"资本"愈丰厚，而更能在生存和发展的竞争中占据主动。知识的不断更新使人们处于一种连续的受教育过程中，教育成为与人生相伴随的一种需求。

三、教育与人的社会化及人的价值实现

在不同的经济状态下，对于"人"的功能性定义存在着明显的质的差异。教育在人们从"自然人"过渡到"社会人"的进程中发挥着巨大的作用，人接受教育的过程亦是人们社会化程度不断提高的过程。教育使人们获得作为一个"社会人"所需要的知识和技能，同时，教育本身的运行也是按照社会化的原则进行的。在接受知识的过程中，人们在一个虚拟性的学校环境中预演着其在未来社会中的某种角色。

在农业经济社会中，除少数人外，人们对教育缺乏应有的自觉。而在工业经济社会，由于社会化大生产的需要，教育具有某种强制性，人们在接受了教育并在享受到教育给他们带来的巨额回报后，体验到教育对其发展的重要性，教育成为人们社会性得以表达的最直接的途径。在知识经济社会中，在接受强制性教育的同时，人们的行为导向会因知识的成功示范效应而不断发生着改变。在这种情况下，教育不仅是社会发展的普遍需要，同时更是其自身发展的动力源泉和自觉的行为趋向，其结果是人们开始像经营其他产业活动一样，对自身的教育进行必要的经济分析。

从对教育的投入产出分析中，可以找到能在三种经济状态下有效区分人们教育态度的重要指标，即家庭对教育的投资力度。在农业经济社会中，一般家庭对子女的教育投入占其收入的比例很小，而对个人继续教育的投入几乎为零。在工业经济社会中，尽管人们普遍认识到教育的重要性，但个人的教育投资仍然十分有限，而教育更多地取决于政府（社会）的投资行为。在知识经济中，除了社会的教育投资外，个人对教育投资则占相当大的比重，因为教育同其提高能力以便找到报酬更高的职业以及获得进入更高社会层次的机会直接关联。个人教育投资力度的差异，在很大程度上影响并决定着一

个人可到达的发展水平。

知识的“商品化”进程使人们可以通过购买方式而满足其对知识的不断需求，教育在这一过程中更多地遵循着一般商品所具有的价值规律：教育的价格一方面取决于提供教育的成本，同时受教育供给和需求关系的调节。在这种状态下，教育不仅由政府行为主导，同时与个人行为和社会行为关联在一起。相对来讲，工业经济社会中教育仅作为一种“公共品”，完全由政府提供，个人行为在其中发挥的作用是十分有限的。当然，教育的政府行为在农业经济向工业经济的转变过程中，在某种意义上说具有决定性的作用。因为在农业经济社会中，教育的“贵重化”特征使知识仅仅为少数人垄断，广大民众处于受教育的真空状态。

作为处于农业经济状态下的农民，让他们认识知识的价值仍然是十分困难的事情。他们宁可从早到晚为最基本的生计而辛劳，也不愿意每天哪怕花一个或半个小时来学习，以扫除文盲状态或获得新的知识。文盲及缺乏知识显然使他们从根本上更缺乏改变这种状态的动力。学习对他们来说意味着艰难，但回避艰难的结果只能使他们陷入更严重的生存艰难之中。

作为受教育的主体，对于接受教育的态度会经历一个发展过程。在教育的意义尚不为人们认识时，农民对于接受教育在一开始时总是非自愿的。伴随人们的成长，在具有一定强制性的教育过程中，尤其是随着知识的不断积累，人们会因受教育而萌生一种成就感，并会转化为一种带有功利性的目的。客观上讲，对教育所抱有的任何功利性目的，都会起到一种自我激励的作用。但受教育最终要达到人们一种自觉的境界，使之成为生活中重要的组成部分。

四、知识经济对农村成人教育的挑战

现阶段，我国农村成人教育的发展还存在着许多与知识经济的要求不相适应的状况。首先，我国的农村成人教育起点比较低，基础教育薄弱。我国的成人教育起步于“扫盲”教育。1950 年 9 月，针对当时文盲占人口总数

80%以上的严重状况，中央人民政府发出了“开展识字教育，逐步减少文盲”的号召。经过50多年的努力，“扫盲”工作取得了巨大的成绩。然而由于中国农村人口众多，很多农村地区还处于贫困状态，农民的基础教育仍然十分薄弱。知识经济对知识的发展提出了更高的要求，农村成人教育要跟上时代步伐，必须实现高起点、跨越式的发展。

其次，我国农村成人教育的内容和形式还比较落后。脱胎于农村“识字”教育的成人教育形式已经不能满足经济社会对知识的需求。农村成人教育的内容陈旧，层次不高，办学形式单一，规模不大，所有这些都阻碍了成人教育的发展，桎梏了农村教育在知识经济中应当发挥的作用。知识经济加快了知识技术水平的提高，信息技术和网络技术的发展给农村成人教育改革提供了重要机遇，为教育形式的多样化创造了条件。

再次，农村成人教育与农村经济发展的结合不够紧密。要建设现代农业，发展农村经济，必须创新性地运用现代科学技术和经济理论，实现农村产业的优化升级改造。除了加大农业投入之外，最主要的是需要一批既具有一定文化知识，又具有较高专业技能的新型农业人才。而我国的农村成人教育比较偏重文化知识，忽视对专业技能方面的教育，教育与经济的脱节限制了知识的形成和传播。只有立足农村经济和农业发展，才能使农村成人教育焕发新的活力。

知识经济对我国农村成人教育的启示在于：

(1) 知识经济条件下知识资本重要性的加强提高了对农村成人教育的要求。过去我国农村经济发展主要依靠资源的投入，随着知识经济时代的到来，知识资本成为主要的投入形式。农村知识资本的形成主要依赖于农村成人教育的发展，因此必须加快农村成人教育的发展，以适应知识经济的要求。

(2) 农村成人教育的内容和形式亟待更新。过去农村成人教育主要以文化知识教育等形式为主，现在必须在巩固基础教育的基础上，加强农村高等教育、创新教育、素质教育，构建终身教育体系。要健全县、乡、村三级成人教育网络，充分利用现代远程教育、网络教育和广播电视教育等多种教育形式，推动农村成人教育的改革和创新。

(3) 要紧紧围绕农村经济发展的时代主题，加强农科教的结合，使成人教育真正成为农村经济和社会发展的源泉和动力，为农业生产、农村经济和社会发展服务。

五、加快农村成人教育的改革和创新

面对知识经济的挑战，农村成人教育必须坚持教育创新，深化教育改革，优化教育结构，合理配置教育资源，提高教育质量和管理水平，全面推进素质教育，为全面建设小康社会造就出一大批高素质的劳动者、掌握新技术的专业人才和拔尖的创新人才。农村成人教育的改革和创新主要体现在三个方面：教育观念的创新、教育内容的创新和教育形式的创新。

(1) 教育观念的创新主要是指重新认识成人教育在农村经济发展中的重要地位，增强发展农村成人教育的紧迫感，协调农村成人教育与农业和农村经济的关系等。知识经济对农村成人教育提出了更高的要求，过去的以"扫盲"、"识字"为重点的普及式教育已经不能适应知识型农村社会的需要，要把教育的重心转向为农村和农业发展提供智力支持上来，通过文化知识教育、专业技能教育和创新实践教育为农村经济和社会发展培养合格人才。把农村成人教育放到新时期农村发展中心环节的地位，完全体现了知识经济时代的发展要求，是教育观念创新的最主要的内容。其次，我国农村成人教育还有许多不适应经济发展要求的地方，要增强紧迫感，加大教育的投入力度，积极扶持农村教育。同时，教育的发展也是一个长期的过程，不能指望一蹴而就，要注意协调教育和农村科技经济的关系，实现农科教的结合，促进农村经济的持续健康发展。

(2) 教育内容的创新是指适应知识经济的要求，在巩固农村基础教育的同时，提高教育的层次和水平，加强农村技能教育和培训，促进农村高等教育、创新教育、素质教育的发展，形成终身教育的网络体系。知识既包括智力知识，又包括非智力知识。智能教育主要培养学员的自学能力、研究能力、思维能力、表达能力和组织管理能力，这些能力都是知识的生产、传播和使用不可缺少的。我国农村智能教育的层次还很低，发展农村高等教育势在必行。要创造条件，加快农村高等教育的发展，促进智能教育的创新。然而，智能教育还不能完全满足知识经济的需要，非智能教育所起的作用越来越大。我国的农村成人教育比较重视智力因素，专业技能教育等非智力教育明显不足。因此，有必要强调非智力知识的教育，加快教育内容的全面创新。

创新教育是教育内容创新的主要环节。创新教育主要包括创新意识、创新思维和创新能力的教育。追求创新意识就是培养积极探究问题的心理意识，追求创新思维就是培养敏锐把握事物变化的趋势的思维能力，追求创新能力就是积极创造条件并改变环境的应变能力。素质教育是教育创新的重要内容。素质教育有助于提高农村的精神文明程度，提高农民的整体素质，为农村经济的发展营造良好的社会氛围。

（3）教育形式的创新就是积极应用现代信息和网络技术，推动教育形式的多样化，加大对教育的投入和对农村教育的支持，鼓励社会力量办学，增加受教育的范围，提高教育的成效。要大力发展岗位培训、继续教育、社会文化生活教育、老年教育等多种教育形式。要大力发展远程教育，逐步建立以多种高科技媒体为依托的现代化远程教育网络。要建立开放式、网络式的农村成人教育模式，实现教育资源的共享。应该鼓励多种办学形式，鼓励社会力量对农村成人教育的投入，扩大我国农村成人教育阵地。

知识经济体现了社会的发展和进步。知识正以前所未有的力量影响着人类前进的步伐，掌握了知识就掌握了知识经济时代发展的先机。对于中国这个拥有 8 亿农村人口的大国来说，农业和农村经济的发展具有更加特殊的意义。知识经济为我国农业和农村经济的发展提供了绝好的条件，能不能抓住知识经济带来的好处，关键在于农村教育，尤其是农村成人教育。当前，我国的农村成人教育还存在很多不适应知识经济发展的因素，这一方面是新形势下发展农村成人教育的挑战，另一方面，改革和创新又为成人教育的发展提供了难得的机遇。加快教育观念的创新、教育内容和教育形式的创新是面向知识经济的农村成人教育发展的必然选择。对于中国经济发展而言，农村成人教育改革和创新的成功实施任重道远而又意义重大。

六、加强农村成人教育的具体措施

1. 促进农村学员思想观念的转变

农村学员思想观念直接影响着农村成人教育的成败和培养目标的实现。因此，农村成人教育的首要使命是努力转变学员的思想观念，用现代农业科技信息和农业经济手段带动贫困地区经济的复苏。在当今知识更新速度加快、信息瞬息万变的时代，知识经济需要的是知识丰富、头脑灵活、思想开放的新农民。因此，农村成人教育要首先帮农民朋友甩掉根深蒂固的小农意识，走出安于现状、因循守旧的泥淖，让他们从精神上获得解放，吸收知识的甘甜乳汁。成人教育的教师可以通过知识传播、示范启迪和思想、方针、政策的鼓舞及激励等方式，让农民认识到只有解放思想、开拓进取才是走向富裕的必由之路，农村成人教育还应以培养高素质的新型农民为己任，教育农民具有爱国意识和主人翁责任感，在市场竞争中时刻注意自己的形象，维护国家和个人的合法权益。这就需要加强农村成人教育中的思想政治教育，培养和提高农民的爱国主义精神和集体荣誉感，树立正确的人生观和价值观，实现农村人口向现代大农业观念的转变，确保知识经济发展的精神文化基础。同时，还要及时引导农民改变对成人教育的态度和偏见，认为农村成人教育只是教给他们一些常识，要变“临渊羡鱼”为“退而结网”，充分占有资源，把理论知识和生产实践结合起来，主动地内化、积极地汲取自己需要的知识体系，逐渐成为农村知识经济发展的中流砥柱。

2. 重视农村劳动力心理素质的提升

随着我国各个领域改革的深入，农村经济的改革步伐加快，生产、经营方式的改变以及生产商品的激烈竞争迫使农民们去面对、去参与种种改革和竞争，在这种被动的参与过程中，彻底暴露了农村人相对较差的心理素质，或茫然、或自卑、或自负，这种状况严重阻碍了我国农业的发展，削弱了农产品的竞争力量。知识经济时代的到来和我国加入WTO，农业市场的竞争将更加激烈严峻，这就要求农民们必须具备过硬的、承受力强的心理素质条件。因此，农村成人教育工作要针对现代社会农民的文化心理结构的弱点，提高农村劳动力的心理素质。这就要求农村成人教育工作者善于利用知识经济时代提供的知识和信息优势，通过有选择地播放和讲授西方国家农民生产、分配、使用和消费农产品情况，尤其是一些表现西方农民强烈的市场竞争意识和社会适应能力的典型个案，使我国的农民受到启发，自觉增强市场竞争意识和商品经济意识，让广大劳动者通过自身调整，在市场上凭借自己的能力寻找自己的适当位置。同时，还应加强人力资源心理教育，使他们能充分地了解自己，并能对自己的能力作出适当的评价；能够不脱离周围现实环境，使生活的理想切合实际；能保持人格的完整和谐，保持良好的人际关系；能在符合集体要求的前提下，较好地发挥个性；在不违背社会规范的前提下，适当地满足个人的基本需求等。通过心理知识的讲授和普及，改变农民内心深处对生活的意义和未来发展的认识，增强自己勇于战胜困难的信心和树立诚信自立的观念。另外，还可以在实际教学工作中，开展模拟的农产品市场竞争训练课程，并且在活动中及时给予指导和帮助。例如，如何才能最大限度地利用销售时间和空间，怎样才能赢得顾客的信任及保持较好的人际关系等，培养农村学员的动手操作能力，让他们的胆识和见识在学习过程中同时得到提高。

3. 把远程教育和面授有机融合，加大教育的力度

众所周知，农村交通相对闭塞，知识和信息来源相对匮乏，这也是农村成人教育发展缓慢的根本原因。随着8亿农村人口文化程度要求提高的渴望，农村成人教育必须积极采取措施，最大限度地满足农民朋友的学习需要。由于农村经济力量有限，短期内多媒体形式的远程网络教育还很难实现。但通过努力，各级农村成教工作者可以和广播电台建立协作：由国家根

据农业发展的实际需要，合理调整城乡媒体节目的数量和安排，尽可能多地开设有关农业科技知识的讲座和致富门路的推广等节目，尤其是因地制宜地播放和讲授一些农作物种植和管理的技术和技巧，让农民能够耳闻目睹到适合当地农业发展的科学常识，在经验交流时形成一种人人想谈、人人能谈、人人有东西谈的真正的知识型的农村文化氛围。这样，不但能促进农民经验的及时交流，还能让信息潜移默化地变成让农民觉得不可缺少的东西。即使是文化水平较低的人，也能从自己听到、看到的事情中学习到很多实用的知识。同时，农村成人教育要增加对农村学员的面授次数，改变以往函授为主、面授为辅的教学方法，加大面授教学的广度和力度。因为函授效果远不及面授的效果好，这就预示着农村成教工作者要具备吃苦耐劳的精神，多花时间和精力，亲自下到农村，在生源相对集中的村镇授课。授课时间不要囿于教育工作者本人制订的辅导计划，要变机械的、定期的授课为灵活的、不定期的、经常性的深入农村地头进行指导。面授时要力所能及地解决农民在广播、电视节目的科技知识学习中遇到的各种问题。针对农民运用新科技的不同环节，可随时在田间地头举办大小范围不等的讲座、现场答疑解惑，耐心指导，让农民掌握不同季节、气候和环境条件下种植、养殖的实用技术和方法。现场指导时，可结合实际问题，直观示范，及时把深奥的理论变成通俗易懂的语言教给农民。这样，通过农村成人教育教师的言传身教，可使农民真正认识到：知识和信息是农村经济的支柱，知识经济时代的高效农业呼唤知识型农民，只有精通各种农业知识、熟悉农作物的生长规律和管理技术，才能从容自如地驾驭知识经济时代。要逐步让农民明白：只有让中国有限的可耕地资源和文化科学知识结合，才是知识经济时代农业腾飞的关键所在。因此，保证让农民接触、吸收和学会运用大量的知识和信息，既是农村成人教育的一大创举，也为我国知识经济的飞速发展作出应有的贡献。

4．注重人力资源创造能力的培养和开发

江泽民曾指出：“创新是一个民族进步的灵魂，是一个国家兴旺发达的不竭动力[①]”。我国广大农村人口要想在知识经济时代求得生存和发展，必须拥有创新精神和创新能力，这是我国农业经济在知识时代得以存在和发展的前提和保障。我国农业若想立于不败之地，必须依靠产量高、质量优、品种新的农产品的生产和销售，依赖具有开拓进取、勇于探索的农业人员的积极努力。因此，农村人力资源的创新意识、创新精神和创新能力的开发和培养，在很大程度上依赖于一支专业纯熟、水平高、业务精良、创新能力强、乐于奉献的成教教师队伍。通过农村成人教育教师的因材施教、启发诱导、灵活多样地讲解和示范，逐渐开启农村成人学员的积极性、主动性和创造性之门，促使他们在身体力行的劳动实践中，勇于尝试、敢于创造，摸索出新的农业生产方法、培育出优质、高效、竞争性强的农副产品。同时，成人教育战线应尽量聘请更多的农业科技专家，深入到农户田间，了解实际困难和需要，手把手地把新技术、新成果传授给农民，鼓励农民提出问题、多提问题，激发农民的创新意识，用自己的新发明、新成果为农民的创新能力和创新实践提供理论和方法上的依据，以创新引创新，以进步促进步。如湖南省就以湖南大学为龙头，形成上联高校，下接农业职业中专，最后落实到农民推广的新的运作模式，取得了较好的社会经济效益，这是很值得推广和学习的。因此，成功培养一支具有较高思想和科学文化素质及职业技能的劳动大军是决定我国知识经济发展的速度和效益的关键。其次，农村成人教育也不妨在实际教学过程中制订和实行一些“激励机制”，对不断进步和搞些小发明、小创造的学员适当进行奖励，给予精神鼓励、颁发奖励证书等，在农村形成一种人人以发明、创造为荣，争创新、比创新的局面。一旦农民拥有了创新意识和创新能力，我国农业就具备了顺利迈向知识经济彼岸的“通行证”。

总之，知识经济时代的到来对于每个国家都既是挑战，又是机遇。我国应紧紧抓住这一佳机，充分发挥成人教育的作用，为农民送科学、送技术，

① 江泽民. 要迎接二十一世纪的挑战就必须重视发展信息产业 [N]. 人民日报，1998-02-15.

使农村人口的思想道德素质和科技文化素质得到普遍提高，并培养出大批具有创新意识和创新能力的高级人才，把我国巨大的农村人口负担转化为丰富的人才资源优势，变潜在人力资源为直接人力资源，育农业经济之精华，促知识经济之发展。担负和完成这一艰巨的教育使命，我国农村成人教育还有很长的路要走。

第六章 二元结构下中国农村教育的思辨

第一节 中国的二元经济结构

二元结构是发展中国家国民经济体系的共有特征，中国作为一个发展中大国，国民经济的二元结构特征尤为突出。城乡二元结构是我国当前社会十分关注的一个热点问题，已经成为经济和社会发展的一个严重阻碍。[①]

一、中国二元经济结构的特征分析

中国的经济结构不仅具有发展中国家二元经济结构的特征，而且具有特殊性，其总体特征表现在两方面：一是“双层刚性二元经济结构”[②]。总体上是城市与乡村的二元经济结构，而每一元中又分为两层：从城市来看是现代工业与传统工业并存，从农村来看是传统农业与以乡镇企业为代表的现代农业的并存，而且不同层次之间关联程度差，表现出刚性特征。二是中国的二元经济是转型二元经济。中国现存的二元经济不同于发展经济学主流思想所说的二元经济，而是一种转型二元经济，是发展经济学家描述的常规二元经济在中国经济转型背景下的一个变种，是在经济转型过程中，原有的二元经济结构与制度的变迁结合在一起形成的一个特殊的二元经济。

发展经济学家界定的二元经济是把整个经济分为农村的传统经济部门和

---

① 蔡月芝．从城乡二元结构反思我国现代化进程［J］．中国科技信息，2006（2）：4，32.

② 任保平．加快中国城乡二元经济结构的转变［J］．重庆工商大学学报（西部论坛），2004（6）：4－10.

城市的现代经济部门。而中国的二元经济则在两部门划分的基础上，由于经济转型和结构转化的双重演进形成了一系列特殊转型二元经济结构的变异状态。

1. 工业化的二元结构

我国的工业化发展在改革开放之前是以城市工业为主导的，在制度上规定了农村发展农业，城市发展工业，造成了城乡各自发展的格局，造成了城乡泾渭分明的城乡二元化发展道路。20世纪80年代中期，城乡隔离制度有所松动，但农民进城后的就业和生活条件仍有很大的困难，迫使农民只能在农村发展工业，即促进了20世纪80年代农村工业的异军突起，形成了中国工业化发展的“三个世界”的格局。大城市的工业化是第一世界，中小城市的工业化是第二世界，农村工业化是第三世界。三种工业化在产业进入制度、融资制度等方面都受到了不同的待遇，把农村工业化限制在狭小的空间中。在我国工业化发展过程中形成了二元工业化的格局，在这种格局中，乡镇工业、城市工业同时并存，在城市工业中传统工业与现代工业同时并存。在中国的二元工业化格局中，城市工业化是其中一元。城市工业化是以国有工业为主体来推动的。以乡镇企业为代表的农村工业化是其中的另一元。改革开放以来，乡镇企业的异军突起促进了乡村工业化的发展，以乡镇企业为首的农村工业化为改变我国的“二元经济结构”提供了新的发展道路，随着商品化和市场化程度的提高，农村工业化在加速经济体制的改革和完善，协调社会、经济的发展，缩小城乡之间的差距方面发挥了重要作用。20世纪90年代以来国有经济效益下降，乡镇企业的发展在一定意义上弥补了国有经济增长效益下滑对整个国民经济增长的影响。然而在二元经济结构背景下造成的城市工业化和农村工业化同时并存的二元工业化却带来一些不良的经济后果，对新型工业化形成了制约：一方面造成了城乡工业的产业趋同。产业结构趋同化及产品的同质性造成了城乡工业间的过度和无序的竞争，资源不能优化配置。另一方面造成了城乡分离。城乡分离使城市人口、资金、物资、信息和技术等各种要素不能向农村地区扩散，城市文明也不能向农村推广和普及，大大延缓了农村城镇化的进程。2000 年，世界城市人口的比重为 57.6%，而中国城市人口比重仅为 47%，从 1978—2001 年，全国农业劳动力份额下降 18 个百分点，而城市人口份额只上升了 14 个百分点，城市化滞后于农业劳动力非农化，二元工业化造成了城镇化的滞后发展，这种滞后发展的城镇化，不仅不利于工业现代化，而且也不利于农业现代化和农民生活的现代化。①

2. *劳动力市场和就业的二元结构*

就业是劳动力市场供求关系的反映，就业问题的解决也需要通过完善劳动力市场来实现，我国经济转型时期劳动力市场具有典型的“二元四级”特征。中国的劳动力市场既具有经济转型时期的非规范性，又具有发展中国家二元经济和二元社会结构的特征。从转型时期的非规范性来看，劳动力市场具有分割性，在传统的农业部门中，劳动力不完全是按照市场来配置的，其工资不是按照市场供求关系决定的。而在城市现代部门中，劳动力通过市场原则来配置，其工资是按照劳动力的市场供求关系决定的。而且劳动力市场中，城市市场与农村传统部门的市场之间存在一个“商品点”。从二元经济和二元社会结构的特征来看，由于经济结构的二元特征，决定了中国劳动力市场也表现为二元双层的特征，形成了全国劳动力市场的二元四级特征：整个劳动力市场分为二元，一元是城市劳动力市场，另一元是农村劳动力市场。在二元市场中，每一元又分为两层，城市劳动力市场分为正规部门（一级市场）和非正规部门（二级市场），非正规部门是发展经济学家托达罗（Todaro）提出的，非正规部门是指被现代工业部门认为是无利可图的市场空缺，其运作形式具有很大的灵活性和易变性，可以提供许多就业部门。农村劳动力市场分为传统部门的劳动力市场（四级市场）和非农产业部门（三级市场）的劳动力市场。在劳动力市场的二元特征下形成了就业结构的二元性，按照发展经济学家刘易斯（Lewis）的二元经济结构理论，只要城市部

---

① 任保平，洪银兴．新型工业化与城乡二元工业化的协调发展［J］．当代财经，2004（3）：82—86.

门不断地扩大积累，城市对劳动力的吸收便具有无限能力，农村剩余劳动力会源源不断地流入城市，一旦农村剩余劳动力完全被城市部门吸收，二元经济结构的鸿沟将被填平，就业矛盾将随之被解决，但是这一理论是建立在城市没有失业，而且工资不变的基础上，这一理论与中国的现实有较大的差距。在中国的四级劳动力市场中，二级市场充当了一级市场的蓄水池，吸纳了从一级市场上在国有企业改革中淘汰下来的劳动力，同时也吸纳了由四级市场进入城市的农民工，减少了对一级市场的压力。作为三级市场不仅吸纳了四级市场中的过剩劳动力，而且促进了农业劳动力向非农业劳动力的转化，加快了农业的工业化进程。

3. 城乡市场体系的二元结构

在城乡统一的大市场中，城市和农村市场是全国统一大市场的两个板块，城市家庭居民户和农村居民户是市场经济主体的两个组成部分，要协调城乡关系，首先要协调城乡两大市场和两大经济主体的关系，而协调这些关系需要发挥市场机制的作用，加强城乡之间的商品交换关系，为此需要解决城乡市场的分割和城乡市场体系的不对称问题，建立和健全城乡统一、规范、竞争有序的大市场。由于经济结构的二元性，导致了城乡市场的分割，使城市市场体系与农村市场体系不对接，形成了城乡市场体系的二元性。在城市中由于社会分工发达，专业化组织能规范地成长，经济主体具有独立的物质利益关系，商品交换发达，从而形成了较为完善的市场体系，不仅商品市场中的生产资料市场、生活资料市场和文化与服务市场较为健全，而且城市要素市场中的金融市场、技术市场、信息市场、劳动力市场、房地产市场、产权市场也得到了巨大的发展。但是在农村市场体系中，由于农村经济体制的改革，农户经营自主权的落实，农村市场经济也有了一定的发展，然而由于农村经济中传统农村经济和市场化的农村经济的并存，农产品的自给率还仅占到40%左右，商品化和市场化程度低于城市，不论是商品市场还是要素市场都落后于城市，其生产要素市场和生活资料市场得到了一定的发展，而要素市场不发达，特别是金融市场、劳动力市场、信息市场和土地市场不健全，使得城市市场与农村市场不对接。这种城乡市场体系的二元分割性，决定了城市和农村经济转型的任务不同。城市经济转型的任务是经济体制的转型与经济结构转化，既要促进城市经济结构由低级阶段向高级阶段演进，又要加快经济体制由计划经济向市场经济的转化，完善城市市场体系，形成统一、规范、竞争和有序的市场，最终使市场机制在资源配置中发挥基础性作用。而农村经济转型的任务是：既要由自给自足的传统农业向专业化、集约化、市场化的现代市场经济转变，又要促进农村经济由传统的生产方式向现代生产方式转化。

4. 区域经济的二元经济结构

中国的二元经济结构不仅表现在工业化、就业结构和市场体系方面，而且表现在区域经济发展的二元结构上，即经济发达地区与经济落后地区的二元并存性，而且随着市场经济的进一步发展，这种区域经济发展的二元性进一步明显，使区域经济发展的差距日益扩大。在我国东南沿海的经济发达地区，市场化程度高，市场经济的发展已经进入完善和规范阶段，经济发展已经开始向高级化阶段迈进，经济体制转型的任务基本完成，经济进入全面的扩张时期；而在中西部地区的经济发展中，经济体制改革的任务尚未完成，市场经济发育迟缓，市场经济的发展正处在建立过程之中，经济正处于转型的过程之中。由于市场化水平、经济发展程度和资源禀赋的差异，使东部地区和中西部地区的经济发展出现了巨大差异，形成了区域经济的二元经济结构。与中国二元经济结构相一致，我国城市化也是二元的：一方面是国家投资进行的城市化，另一方面是地方投资和农民投资进行的农村城镇化。鉴于我国城市化的二元性和我国农村剩余劳动力转移任务的艰巨性，在二元经济结构转化过程中应实行城市化和农村城镇化同样并举的二元城市化战略：一方面，利用一次城镇化形成的城市基础，大力发展交通和通讯业，推行以发展城市圈带为特点的网络型城市化；另一方面，充分发挥现有农村非农产业作用，以县城为依托，推进农村城镇化。

二、全球化对中国二元经济结构的影响

中国近10年来一直保持着很高的经济增长速度。许多人片面地认为各种硬性经济指标的攀升足以证明一切都在朝着好的方向发展，增长的重要性超过了一切。各种发展的不平衡，尤其是二元经济结构的强化却被大部分人忽视。直到最近几年，人们才部分地打破了对GDP的盲目迷信，政府也逐渐意识到发展是一个全面的概念，开始探求和制定和谐、平衡、科学的发展路线，认识到经济增长不是包治百病的灵丹妙药。人们现在必须面对的是全球化推动的经济发展并没有带来地区和城乡差距的缩小，也就是说，全球化给中国带来了经济的飞速发展，但也确确实实地强化了中国的二元经济结构，那么，问题到底出在哪里呢？

评价一种现象或机制的好坏，如果单单检测实践的结果，则很容易将问题简单化。在很多时候，一个机制作用的好坏，往往更取决于它的操作过程。那么，对全球化强化了中国的二元结构这个问题，我们必须思考：原因到底是全球化本身自带的弊端，还是我们利用全球化的具体操作出了问题。笔者就以经济全球化最具有代表性的，也是对中国影响最大的一个因素——国外直接投资作为切入点，具体分析全球化对中国二元经济的影响，探求真正的原因。

国外直接投资，又称海外直接投资（Foreign Direct Investment，简称FDI），指国外投资者参与国内企业的生产经营活动，拥有实际的管理权、控制权的投资方式。其投资主体为跨国公司，所投资的企业在中国常为外方独资企业和中外合资企业。自1991年我国大力吸收外资以来，FDI就成为继20世纪80年代乡镇企业之后另一个推动中国经济高速增长的重要驱动力。国家统计局出版的《中国统计年鉴2000》显示，我国FDI流入占GDP比重在1994年达到最高点，为6.2%；1995年以来FDI流入占GDP比例略有下降，但仍保持在4%以上。

随着经济全球化进程的加快，国外直接投资对投资方和东道国都形成了

一定的影响。从博弈论的角度看，有一点是达成了共识的，那就是无论经济参与各方究竟形成的是负和博弈、正和博弈还是零和博弈，FDI 对东道国所产生的影响远远大于对投资方的影响。跨国公司的投资对我国经济发展产生的正面影响主要有："扩大投资，促进出口，创造就业，开拓国际市场，转移现代技术和管理经验，开发人力资本，发展关联产业，促进产业结构调整和产业升级。"同时，FDI 的流入弊端也是非常明显的，主要有以下两点：

1. FDI 总额地区分布不均衡

作为经济全球化重要载体的跨国公司的直接投资仍集中在我国的东部地区，外资西进的态势并不明显，但外资对我国中部地区的投资增长速度明显加快。

从 20 世纪 90 年代以来，跨国公司在我国东部地区的直接投资比例一直保持在 85%以上，我国西部地区的直接投资基本保持在 3%以下，而在我国中部地区的直接投资则呈现出逐步增长的态势，其比重从 1990 年的 3.52%上升到 2002 年的 9.83%。至 2004 年上半年这一格局基本保持不变。商务部最新统计数据显示：2004 年上半年在全国实际使用外资总额中，东部地区占 87.91%，中部地区占 9.35%，西部地区占 2.74%，而截至 2004 年上半年，我国实际使用外资平均额，东部地区占 86.37%，中部地区占 9.35%，西部地区占 4.76%。从至 2004 年上半年为止的外资使用的平均额看，东部地区为西部地区的 18 倍，为中部地区的 9 倍，呈现出高度集中的态势。①

这说明由于快速增长的经济，良好的基础设施条件，潜在的巨大市场份额，高素质的劳动力以及便利的交通运输条件等区位因素对跨国公司的直接投资有着强烈的吸引力，至今中西部与东部地区在以上区位要素条件上的差距仍未有效缩小，所以跨国公司在我国直接投资的空间分布仍无法避免"东重西轻"的格局。但与西部地区相比，近年来中部地区吸引跨国公司直接投

① 俞毅．跨国公司对外直接投资的区位理论及其在我国的实证［J］．国际经济合作，2004（9）：14－17．

资的比重增长相对较快，其主要原因在于：

第一，在经济发展水平、基础设施条件、市场条件、人员素质等方面，中部地区与东部地区的落差较小，具有承东启西的区位优势，所以成为外商渐进式西进的首选地带。

第二，中部地区虽远离沿海，但许多省份都具有长江沿岸的万吨级港口，水路运输便利，有利于降低运输成本。

第三，中部地区的劳动力、土地成本明显低于东部地区，低的劳动力成本，物美价廉的土地，较好的工业基础，较强的配套能力有助于跨国公司生产活动范围的扩大。

2. FDI对经济主权的侵犯

投资活动是一项理性的活动，跨国公司实施国际投资决策的依据也必然是获取最大的利益。在各国都积极争夺外资的情况下，中国想要争取到更多的外资，就必须作出一定的主权让渡，主要表现在超出合理标准的对国外投资者的补贴，牺牲国内投资者和劳动者尤其是广大农民的利益，以及迎合国外投资者的经济结构调整。

从以上存在的两个问题中我们很容易得出这样一个结论，即FDI对二元结构的强化起到了一定的推动作用。如果情况果真如此，那么要弱化二元结构最简单的方法就是减少FDI的流入。然而，在全球化成为发展趋势的今日，这样的行为不仅目光短浅而且还是逆潮流而动的应急之举。那么，怎样消除发展的不平衡带来的压力呢？FDI果真对二元结构只有强化的作用吗？如果有积极作用，能否充分发挥其积极作用呢？

这些问题的提出，实际上已经隐含了解决二元结构指导途径的选择。前面在对计划经济二元结构演变的分析中，我们已经提到托达罗（Todaro）模型的实践是不适应我国国情的，其结果只能是强化二元结构，甚至使问题更加复杂化。那么，转换二元结构的途径就必须是积极转移农村剩余劳动力，从而提高农业劳动生产率，最终实现从二元向一元的转化。如果我们遵循这条途径来解决二元结构问题，就会发现，FDI产生的影响是正效应。

首先，FDI对农村劳动力的转移起了促进作用。在资本相对缺乏而劳动力非常富裕的中国，FDI对我国最大的贡献是创造就业机会。“外资的就业创造效应是远远大于就业冲击效应的”，创造的就业机会不仅仅是投资企业雇佣的全部人数，还包括产业积聚效应衍生出来的上下游企业的劳动力需求。国家统计局出版的《中国统计年鉴2000》的统计数据表明，国外投资企业在东部地区城市就业中占37.23%，说明FDI在我国东部地区创造出巨大的就业空间。

FDI的大量流入不仅提供了大量的就业机会，还造成了城市工业部门的工资水平与农业部门工资水平的进一步拉大。当收入水平的差距扩大到一定程度后，就会刺激农业剩余劳动力向城市部门流入。[①] 城市顺利且大量吸收农村剩余劳动力正是实现一元的关键，FDI创造就业的作用，可以极大地促进农村剩余劳动力的转移。虽然FDI在中国的投资分布具有明显的不平衡性，表面上看扩大了中国城乡的不平等；然而，如果我们能转变思路，利用FDI大力吸收农村剩余劳动力，从而提高农业生产率，将更有效地弱化二元结构。源源不断的农村剩余劳动力移入城市又能充分满足FDI建立劳动密集型企业的劳动力需求，从而给FDI提供持续流入的保证和动力。如此循环往复，最终形成的是一种良性的双向循环，不仅可以推动经济发展，也将逐渐促进二元结构转换。

其次，虽然FDI在东部城市的流入将有助于农村剩余劳动力的转移，然而也不可忽视投资西部的作用。西部尽管在吸收外资流入方面处于绝对的劣势，但是政府若选用适当的政策扶持，也可以在一定程度上提高西部的FDI流入量。“中国的农业土地使用制度以及与之相伴的传统家庭式小规模农业生产方式，极大地限制了要求大规模生产和先进技术的农业FDI流入。政府对粮食和其他主要农产品的生产、定价、购买、储备、运输、国内销售和国外出口的控制，对海外FDI投资于中国农业产生很大负面影响。”此

① 王之姣. 全球化与中国经济的二元结构［J］. 经济研究导刊，2007（8）：10－14.

外，农村乡镇企业的小规模化也很难对FDI产生吸引力。因此，政府需要极力推进农业生产方式的改革，形成规模化，另外，还需要放宽对农业投资的限制。政府也可以先投资于西部地区的建设，后吸引FDI的流入，最后带动民间投资，使FDI对西部地区以及广大农村地区发挥最大的经济促进作用。

由此可见，单纯从数据上分析FDI强化了中国的二元经济结构是很不全面的。问题的关键不是全球化带来FDI大量流入强化了中国二元经济结构，而是我们对FDI为我所用的思路和利用方式并没有切实结合中国的国情，从而并未让FDI对中国的二元结构转换发挥足够的作用。

回顾政府对中国二元结构采取的政策，我们可以看到："中国二元经济变化反反复复，二元结构矛盾有时缩小，有时扩大，总是得不到彻底的解决。原因何在？从结构调整的方式看，主要是因为在解决失衡问题时，往往是哪里的短期矛盾严重了，就往哪里使劲，结构调整忙于短期的应急式'综合平衡'，而不是立足于二元经济结构转换的长期战略调整。"

面对全球化的契机，我们应当吸取以往的经验教训，在制定二元结构转换战略时，眼光长远、目标明确，立足于中国二元结构的根本解决，在切实把握了全球化作用机制的基础上，将全球化为我所用，推动中国二元结构的转换。解决问题的关键在于利用FDI推动农村剩余劳动力的转移以及加快城市化建设，与此同时加大农村教育、生活保障和环境保护等方面的财政支出。

三、转变二元经济结构是促进经济发展和实现现代化的重要任务

转型二元经济结构是制约中国经济转型、经济增长和经济发展的根本性障碍，在21世纪的中国经济发展过程中，要把二元经济结构的转化作为促进经济发展和实现现代化的重要任务。

1. 建立二元经济结构的转化机制

中国的二元经济结构是由多重原因造成的。因此，在促进二元经济结构

的转化过程中，要依据特殊转型二元经济的特征，建立多重转化机制。

一是结构转化机制。二元经济结构的转换要从产业结构着手，要加大农业投资，调整农业结构。加大农村费改税的深度和力度，增大对农业中农、林、牧业的投资。加强基础设施建设，并且根据不同的地区优势，选择优势产业，促进城乡合理分工，保证城乡共同发展。

二是非农化机制。非农化机制是指通过农村非农产业的发展，加快传统部门向现代部门的转化，促进二元经济结构向现代经济结构转化。非农化机制主要通过农业的工业化来实现，而农村的工业化则需要通过乡镇工业化来实现。因此，要促进乡镇工业的二次创业，发挥乡镇企业的集中优势，建设小城镇。通过农业的非农化发展农村工业化和城镇化，缩小城乡之间的差距，推动我国二元经济向一元经济快速转换。

三是制度创新机制。推进经济体制、社会保障制度和户籍制度的改革，要通过制度创新机制，推进行政体制、社会保障制度和户籍制度的改革。

四是人力资本积累机制。即要大力发展教育事业，提高人力资本积累水平。二元经济结构的转化不仅取决于市场规模的扩大，而且取决于知识和人力资本的积累，通过大力发展教育事业，提高人力资本投资的规模和效率，从而提高劳动者的素质，为其在长期中持续就业创造机会，促进农村剩余劳动力的转化，并且培养人才，使其成功地参与国内和国际经济分工，促进二元经济结构的转化。

2. 协调城市化与工业化的关系

在二元经济结构的转化机制研究中，发展经济学家刘易斯（Lewis）提出的思路是：工业经济部门是经济发展的主导，决定经济成长的关键在于工业部门自身的扩张，即通过基本积累实现工业化，在工业部门扩张的基础上带动和吸纳农村劳动力的转移。但是在二元经济结构转化过程中，工业化离不开城市化。因为发展工业必须重视规模经济和集聚效益，城市化可为工业在一定地域的集聚和形成合理的生产规模提供较好的投资环境和销售、流通市场。而且一个国家或地区的整个二元经济结构的转化和工业化过程与城市化进程是密切相关的。我国现有农村工业企业分散经营，重复建设较多，总体效益欠佳，农村第三产业的发展不快，在产业结构中的比重偏低，制约着二元经济结构的转化进程，这一切与我国的城市化进程长期滞后于工业化有关。因此，在二元经济结构的转化过程中，一方面要在新的含义上促进工业化与城市化。发展经济学界揭示的工业化是结构转化意义上的工业化，城市化是人口迁移意义上的城市化。在现代经济发展过程中，工业化与城市化都具有了新的特征，工业化不再是原来结构转化意义上的工业化，而是质量和功能意义上的工业化；城市化也不再是原来人口迁移意义上的城市化，而是“以产业为支撑的功能意义上的城市化。”，在工业化与城市化的协调发展过程中要在新的意义上促进工业化与城市化的发展。另一方面要协调城市化与工业化的关系，特别是在城市化过程中要推动城市化与城镇化的结合。城市化是指人口向城市的集中过程，城镇化是农村人口向县城范围内的城镇集中和农业人口就地转移为非农业人口的过程。发展经济学界刘易斯（Lewis）、拉尼斯（Ranis）、乔根森（D. W. Jogenson）等人的模型提出二元经济结构转化的基本思路都是假定城市对劳动力的吸纳具有无限性，随着城市工业部门的扩张，劳动力会由农村转移到城市中。但是中国城市对劳动力的吸纳不具有无限性，同时人口基数大，他们提出的基本思路不适合中国二元经济结构的转化。在中国二元经济结构的转化中需要在城市和农村之间大力发展城镇化，把城市化与城镇化结合起来，加快农村剩余劳动力的转化。

3. 促进农村经济的分工和专业化组织的成长

在经济思想史上，关于经济发展是按照两种思路进行的：从新古典经济到凯恩斯（Keynes）经济主张通过规模经济来实现经济发展。从古典经济学的斯密（Adam Smith）、李嘉图（Darid Ricardo）、马克思（Karl Marx）到新兴古典发展经济学主张分工和专业化组织的成长。标准的新古典经济学理论对解释中国经济发展和二元经济结构的转化具有局限性，因为新古典经济学的理论是在市场化发达的基础上提出的，而中国的社会分工不发达，市场化程度低，专业化组织成长缓慢，特别是农村社会分工不发达，专业组织成长不够，制约了农村剩余劳动力的转移和二元经济结构的转化，在中国二元经济结构的转化中要从分工和专业化组织的视角去寻找转化机制，通过分工的发展和专业化组织的成长促进制度变迁，消除中国二元经济结构的鸿沟。

第二节 二元结构下城乡教育协调发展的思路与措施

我国在长期以来的二元社会结构和高度集中的计划经济体制下，形成了一种以城市为主，忽视城乡差别的“城市中心”价值取向。在教育方面同样如此，国家的教育政策优先满足甚至只体现城市人的利益，无视城乡教育环境、教育资源上的区别，主要以城市学生为依据制定全国统一大纲、统一教材等，这使得城乡教育差距愈来愈大，同时这种失调的教育发展又对二元社会结构产生深刻影响。我们必须采取积极有效的措施大力发展农村教育，缩小城乡教育差距，实现其协调发展，改善社会不良结构。

一、城乡教育协调发展的战略意义

1. 城乡教育均衡发展是全面建设小康社会对教育提出的战略要求

十六大提出要建设逐步缩小城乡差别、地区差别、群体差别，最终达到共同富裕的全面小康。教育均衡发展是全面建设小康社会的重要内容，全面小康对教育均衡发展水平也提出了新的更高的要求。我们必须把均衡发展作为基础教育工作的指导思想，使不同地区、不同学校、不同群体的教育发展水平有明显提高，接受教育的机会和质量有明显改善。

2. 城乡教育的协调发展是消除城乡二元结构现象，加速我国现代化建设的有效途径

我国因各种因素造成整体发展失衡，尤其是城乡发展差距巨大，存在着

长达半个世纪的城乡二元结构分割局面，严重阻碍了现代化和城市化的实现。要消除这一不良现象加速我国的现代化建设，就要大力发展小城镇建设，而小城镇建设就要靠当地的教育发展。城乡教育的协调可以为小城镇的教育建设和经济发展提供智力支持和战略途径。我们必须在制度和对策上采取有效措施，加快农村教育发展，促进城乡教育的协调。

3. 城乡教育均衡发展是实现教育公平的有效举措[①]

教育公平是均衡发展的理论基石，均衡发展是促进教育公平乃至社会公平的调节手段和重要举措。在我国，公民的受教育权为《宪法》所保护，公民平等接受教育的权利受到《教育法》的法律保障。但由于种种复杂原因，教育公平尚未得到很好的实现，城乡教育条件的巨大反差，就是教育不公平在基础教育领域的深刻反映。推进城乡教育均衡发展，可以相对平等地分配教育资源及其份额，达到教育需求与供给的相对均衡，以切实保障所有青少年儿童的学习需求。

4. 城乡教育协调发展是改变中国教育面貌，实现我国教育现代化的必然要求

我国教育发展中城乡之间存在很大差距，它是造成我国教育发展总体水平同世界发达国家差距很大的主要方面。缩小这种差距就要改变农村教育的落后面貌，而提高农村教育除依靠其自身外也应当充分发挥城市的优势和带动作用，把农村教育纳入城乡教育的大系统整体之中，使它们在相互帮扶中产生整体效应，这将加速农村教育的发展速度和发展质量，有益于农村经济面貌的改变，同时有利于我国从农业大国到现代化、城市化的转变。

二、二元社会结构下城乡教育发展的差别

根据以上对城乡教育协调发展的战略意义探讨，可以看出城乡教育发展的协调势在必行。但现实中我国城乡教育仍存在巨大差距及种种不公平现

---

① 范艳玲. 城乡教育均衡发展探析 [J]. 继续教育研究，2006 (5)：72-74.

象，更让人担忧的是这种现象还以各种形式普遍存在甚至加剧着，主要表现在以下几个方面：

1. 教育资金分配方式的差别

在我国实行了10多年的“分级办学”制度规定，城市的教育资金由当地人民政府负责列入基本建设投资计划，而在农村，农民承担着本应由政府、社会和农民共同负责的教育投入，主要教育费用都由乡镇政府和农民支付，这种教育费用制度人为地抬高了农民接受教育的门槛，进一步强化了城乡分割的二元教育制度，造成了农村教育的严重滞后和城乡教育差距的扩大。虽然近年来新实行的“分级管理，以县为主”制度是一个较大进步，有利于减轻乡镇政府和农民的负担。但是，进一步分析会使我们发现，县一级财政实力的不足决定了这一制度存在着很大的弊端。在现有的“分税制”财政体制下，县级财政所占份额很小，加上乡（镇）级财政也只达到全国财政收入的20%。基于此，绝大多数县财政显然无法担当教育经费投入主体的责任。新制度的实行并没有摆脱教育上城乡二元结构的局面，只是在农村内部调整教育基金的汲取和分配方式，并不能从根本上改善农村教育的基础条件，缩小近20年来越来越大的城乡教育差距。

2. 教育机会的差别

(1) 义务教育阶段教育机会的城乡差别。我国自1985年起实施九年制义务教育。20余年来，我国义务教育逐步推进，成就斐然。但义务教育阶段教育机会的城乡差别依然存在，其在小学阶段与初中阶段均有表现。

就小学阶段而言，从统计数据上看，教育机会的城乡差别似乎已不明显，但由于我国人口基数大，小学适龄儿童数一直维持在1亿以上，即使未入学率以1%计算，小学适龄儿童未入学数也有百万之巨。仅以2002年为例，国家教育统计表明，当年小学在校生12 156.71万人，适龄儿童入学率为98.58%，[①] 由此我们可以计算出当年适龄儿童未入学人数为175万。这

---

① 张玉林. 分级办学制度下的教育资源分配与城乡教育差距 [J]. 中国农村观察，2003 (1)：10—22.

是问题的一个方面，问题的另一方面是小学阶段依然存在辍学现象。有文章指出："在20世纪80年代后期，全国小学生的失学人数维持在400万人左右，而到了20世纪90年代末，小学生失学现象依然没有根除，其人数在1999年为112万多人。在1986—2000年的15年间，小学阶段的失学人数累计达到3 791.5万人。"①

较之小学阶段而言，初中阶段教育机会的城乡差别更明显可见。一方面，我国大中城市已于1995年实现普及九年制义务教育，同年全国初中阶段毛入学率为78.4%，这表明农村地区离实现"普九"目标还有一段距离。1995年后，我国初中阶段毛入学率不断提高，但城乡入学率仍相差10个百分点以上。另一方面，农村初中阶段的辍学现象较之小学则严重得多。"在1995年之前的6年间，辍学率都超过5%，后来虽有所下降，但仍然维持在3%以上，失学人数在2000年达到200万人。仅在1987—2002年间，初中阶段的失学人数即达到3 067.6万人。"② 初中阶段的辍学现象主要发生于农村。对辍学问题的个案调查表明，我国西部一些贫困农村地区初中辍学率竟高达50%以上。这表明义务教育阶段教育机会存在较严重的城乡差别。

（2）普通高中阶段教育机会的城乡差别。高中阶段教育机会的城乡差别又明显大于义务教育阶段的差别。进入21世纪以来，我国发达城市地区已实施普及高中教育，而在一些贫困农村地区，迄今还在为普及初等教育而努力。在幅员辽阔的欠发达农村地区，高中阶段的教育实际上呈现出停滞不前甚或"回落"之状。越来越多的农村初中毕业生加入了"打工者"的行列。在每年数以千万计的涌入城市寻找工作的流动人口中，我们不难见到正值高中适龄青少年的身影。正是这类"劳动力"的流动，折射出农村地区高中教育发展的困境与艰难。有文章指出："从初中毕业生升入高中的比例看，城市的升学率从1985年的40%提高到了1999年的55.4%，而同期农村则从

① 闫威，夏振坤．利益集团视角的中国三农问题［J］．中国农村观察，2003（5）：46—56．

② 闫威，夏振坤．利益集团视角的中国三农问题［J］．中国农村观察，2003（5）：46—56．

22.3%下降到18.6%，两者的倍数差距从1.8倍扩大到3倍，绝对差则从17.7个百分点扩大到36.8个百分点。”①

(3) 大学阶段教育机会的城乡差别。大学阶段教育机会的城乡差别是基础教育阶段教育机会城乡差别存在与发展的必然结果。由于城市同龄人口接受高中教育的比例大于农村同龄人口接受同等教育的比例，这自然会导致城市同龄人口接受高等教育机会的增加。近两年有关高考录取率的报道表明，我国一些大中城市，如北京、上海，报考青年的录取率已高达70%以上，而一些以农村人口为主体的省份，高考录取率则在50%以下。② 这其中还隐含着城乡适龄青年报考比例的显著不同。我国正在推进的高等教育大众化已使全国城乡适龄青年接受高等教育的机会普遍增加，但也同时潜存着高等教育阶段教育机会城乡差别的扩大趋势，这是一种值得关注的现状。教育机会的城乡差别不仅表现于普通教育的不同阶段，同时也表现于其他各种类别与层次的教育中。

3. 教育资源配置的差别

教育资源配置的诸多因素中包括师资力量、教学设施、生均教育经费等主要因素。由于国家教育投入倾斜与城乡经济差异等原因，城市学校在教学设施、师资水平、社会环境、个人发展、工资收入及生均教育经费等方面都大大优于农村学校。这里仅以城乡教育经费执行状况和城乡教师状况为例来加以简单分析。

(1) 教育资金投入的差别。就全国范围而言，据2001年统计，小学生和初中生的生均经费，城市分别为1 894元和1 838元，农村为494元和464元，城市比农村分别高2.8倍和3.0倍。③ 一省区内部城乡之间也同样存在着巨大差距。郑州市2000年小学生的人均预算内教育经费为该省农村平均

---

① 闫威，夏振坤. 利益集团视角的中国三农问题 [J]. 中国农村观察，2003 (5)：46—56.

② 张乐天. 城乡教育差别的制度归因与缩小差别的政策建议 [J]. 南京师大学报（社会科学版），2004 (3)：71—75.

③ 赵海林. 为什么农民长期摆脱不了贫困 [N]. 支农网，2005-12-23.

额的5.9倍，相当于滑县农村的14.7倍；关于初中生的情况，最高的新乡市与全省农村的平均数相差5.9倍，与最低的延津县相差11.4倍。①

(2)师资力量的差别。城乡教师差距是指同一层次、类别的城乡学校教师队伍整体水平与素质存在的差异。这是教育资源配置城乡差距的又一重要反映。进入21世纪以来，我国对加强中小学教师队伍建设采取了多种措施，取得积极的成效，但城乡教师差距仍有所扩大。2001年，农村小学师生比为23∶1，城市小学为19∶1。就城乡教师的学历结构而言，学历不合格的教师主要集中在农村，我国一些城市地区已开始实现小学教师大专化，甚至本科化。而相当多的农村地区，小学教师合格率主要维持在中师学历水平。在一些贫困农村地区，优秀教师流失严重，代课教师的比例仍居高不下，合格教师的严重匮乏尚在制约农村义务教育的健康发展与实施。②

三、城乡教育协调发展的建议

1. 强化政府对义务教育资金投入的主体地位和作用

为从根本上缩小城乡教育资金差距，必须依靠拥有或支配巨大资源的政府（尤其是中央政府和省级政府）对义务教育经费的投入。只有依靠他们才能克服二元社会结构对农村教育的限制，保障教育资源特别是优质教育资源流向农村，保证农村教育经费的基本投入，为每个适龄青少年儿童创造较为平等的接受教育的机会和环境。从另一角度讲，义务教育作为公民素质的奠基教育，是法律赋予青少年儿童普遍享有的免费教育，政府有责任担当这一使命。即使实行地方负责、分级管理，也不意味着中央政府没有责任，地方政府的责任也不应只限于县乡两级政府。从世界范围来看，无论发达国家，还是发展中国家，中央和省级政府在义务教育中往往承担了更大的责任。在德国（1978年）联邦政府承担了义务教育经费的0.3%，州政府承担了

① 张玉林. 2004中国教育不平等状况蓝皮书［N］. 中国教育先锋网，2005-02-24.
② 李波. 城乡经济协调发展中的教育均衡问题［J］. 齐鲁学刊，2005(4)：119—122.

74.2%；在日本（1980 年），国家承担了 25.4%，省级政府承担了 67.8%。① 相比之下，目前我国义务教育投入中，县乡财政负担 86%左右，省政府承担 11%，中央政府只负担 2%左右。因此，我们认为应该随着财政体制改革的深入和中央财政比重的提高，强化中央和省级政府对义务教育的责任，重新划分中央和地方各级政府的教育责任，依靠他们克服二元社会结构对农村教育的限制，保障教育资源特别是优质教育资源流向农村，保证农村教育的基本投入，为每个适龄青少年儿童创造较为平等的接受教育的机会和环境。

2. 改革我国高校招生制度

造成城乡教育机会差距之大的原因除经济因素外还包括各种教育制度因素。农村义务教育机会的扩大依靠教育经费，投入的到位在一定程度上就可以得以解决，但高等教育机会的增加仅依赖经济上的努力是不够的，更重要的是要依靠教育制度尤其是我国现行的高校招生制度的改革和健全。现行高校招生政策实际在奉行“按计划体制下形成的优先照顾城市考生的准则”。与城市学生相比农村学生在极差的条件下为接受正常教育已经付出很大代价，这种准则无形中又人为地抬高了农民子弟进入高校的门槛，这是极其不公平的现象。所以笔者认为为了促进广大农村及其当地教育的发展，国家在高校入学制度的制定上，一方面要尽快改变这种不公正的入学准则，保障农村学生接受高等教育公平竞争的机会。另一方面应该根据城乡教育实际状况制定不同高校入学制度，如在一定程度上降低高校对农村学生的录取分数线，可相应要求他们回到农村服务 4 年左右，且通过法律保证他们在农村任教期间享受高福利，任教期满后愿意继续服务农村者给予更好待遇，愿意走的国家负责其他工作安排。

---

① 刘乐山. 中央和省级财政分摊农村义务教育经费的经济学思考 [J]. 教育与经济，2004 (4)：48－51.

3. 实现教育投资主体多元化，增加农村教育经费投入

21世纪教育体制改革向着地方分权、民主化、灵活性的方向发展，农村教育体制在新的社会背景支持和要求下，在强调为“三农”服务及保障国家和政府对农村教育投资主体的前提下，也要向多元化方向发展，改变政府全包办学的局面，改革农村教育投资体制，在农村基础教育中引入社会资本，动员社会各种力量办学，实现办学主体多元化、多途径、多渠道筹集教育基金，增加教育投入。当然这个目标的实现需要政府相应的社会办学激励机制来调动广大人民的积极性，同时为社会办学提供制度保证和必要的规范，如鼓励企事业单位、社会团体及个人在农村兴办各种教育机构，建立捐资助学奖励制度等。

4. 实施城乡学校优势互补工程

城乡教育资源差别巨大。要从整体，从根本上解决该问题，只依赖农村自身是无法快速跟上城市学校发展步伐的。对此笔者认为。要彻底解决和预防更大的城乡教育差距，有必要实行同一地市范围内城乡学校联动。优势互补，共同兴学活动。城市学校拥有优质教育资源、教育改革成果、先进的教育管理经验和理念等，可要求城区师范学校与一个县的一两所农村学校建立合作关系，通过交流与帮扶提升两者办学质量，加强城乡协作力度。可从城区选派优秀干部和教师下县进行锻炼，县选拔优秀教师及干部到市区学校学习等。同时拟订农村教师培训援助工作计划，采取有效措施使之落实；市区学校要加强对所帮扶的农村学校教育教学工作的评估、指导，从政策、资金、人力等各方面给予大力支持。当然。各个县也有自己的科技、人才等方面的优势供城区学校学习，这样通过双向活动来促进城乡教育的协调发展。

5. 建立城乡教师互换制度

城乡师资力量的差异是造成两者教育质量差距的主要因素之一。要提高农村教育质量，缩小城乡教育差距，必须加强农村师资建设。为从根本上解决该问题，笔者建议应该有计划地开展城乡教师互换活动，并使之制度化。通过法律规定每隔3年左右，教师必须在本地城乡学校之间进行调动换班，

且制定相应的奖惩制度和教学评估，对教师在城乡两地的教学成绩同时评估作为其工作考核。城市教师有义务为全国教育的均衡发展作出自己的贡献。不应只享受城市待遇，农村教师也应该有机会到城市体验优质的工作环境，提高自身素质。这样可以从根本上消除城乡师资差别，保证城乡教育质量一致。

第三节　城镇化进程中农村教育存在的问题及对策

2003 年国务院《关于进一步加强农村教育工作的决定》明确指出：“农村教育在全面建设小康社会中具有基础性、先导性、全局性的重要作用。”农村教育的这种重要价值与作用能否充分体现，关键在于如何发展农村教育水平。[①] 贯彻落实好中央农村教育工作会议精神，深化农村教育改革，加快农村教育发展，不仅是教育行政部门面临的长期而艰巨的任务，更是广大教育科研工作者必须继续关注和研究的一个重要课题。农村教育是我国教育事业的基础，也是我国教育工作的难点所在，对于我国这样一个农业大国而言，农村教育健康持续全面协调发展尤为重要。然而，当前我国城镇化进程已经进入了快速发展阶段，在城镇化水平不断提高的过程中，农村与城镇在生产和生活的各个领域发生了密切的联系。过去相对封闭、自成一体的农村教育必将迎来新挑战。城镇化进程不仅构筑了农村工业化的基石，而且铺就了农村现代化的道路。农村教育一方面不可避免地受到城镇化的影响，另一方面又承担了促进城镇化进程的责任和义务。城镇化进程中的农村教育发展水平如何，将直接关系到农村劳动者素质的整体提高，是一项涉及农村经济和社会发展的战略性任务。因此，关注城镇化进程中的农村教育对于解决好

---

① 程斯辉．农村基础教育改革必须破除的思想障碍［J］．教育发展研，2004（11）：41－42．

"三农"问题有着重要的战略性意义。

一、城镇化进程中农村教育存在的问题

所谓城镇化是指人类生产和生活的方式由乡村型向城市型转化的历史过程，表现为乡村人口向城市人口转化。包含四个含义：

① 城市对农村影响的传播过程；

② 全社会人口接受城市文化的过程；

③ 人口集中的过程，包括集中点的增加和每个集中点的扩大；

④ 城市人口占全社会人口比例提高的过程。[①]

城镇化进程中的农村教育适应了农村城镇化建设的迫切需要，是农村走出窘境，实现跨越式发展的关键所在。[②]从某种程度而言，城镇化进程促进了农村教育的现代化和广大农民文化素质的提高，但由于种种偏差，城镇化进程也给农村教育的发展带来了一些矛盾和问题。

（一）城镇化进程中农村教育培养目标认识偏差

在城镇化进程中，乡村学校与城镇学校之间的界限不再像过去那样明显了，许多城镇学校开始接纳具备相应条件的农村学生。为了让孩子接受高质量的教育，家庭尚有余力的父母们千方百计地想把子女送到临近的城镇学校。父母们更多地看到的是教育的升学价值，而很少顾及教育的育人价值，他们将受教育看做使孩子脱离农村艰苦环境和求得城市生活方式最佳出路，认为教育是获取理想职业和获得城镇身份的必要投资。因而，农村教育基本上还停留在应试教育和片面追求升学率的层面上，致使相当一部分学生产生了厌学情绪，辍学率居高不下。加之一些父母观念落后，偏重眼前利益，重男轻女，轻视乃至剥夺女童上学的权利，这些因素致使农村教育完成"两基"攻坚的任务更加艰难和繁重。

---

① 许学强，周一星，宁越敏．编著城市地理学［M］．北京：高等教育出版社，1997：44.

② 李少元．城镇化对农村教育发展的挑战［J］．中国教育学刊，2003（1）：15－18.

（二）城镇化进程中农村教育课程结构相对滞后

“课程实际上是一种观念形态的制度，或者说它对学校无论是从管理、实施，还是到最后变为现实的可能性上而言，都是一种最根本的学校教育制度。”[①] 对于农村教育而言，课程结构无论在理论上还是在实践上都是非常重要的，极易受到各种变化的影响。农村学校目前的课程结构仍然没有打破传统的格局，主要围绕一些必修课展开教学，课程类型较为单一，具体科目的比重失衡。有些地方仍在强调教育的农村化，主张用适合农村的课程内容来代替发展价值较高的教学内容，这样无疑给农村教育的改革带来了阻碍。学生在这种课程结构体系下形成的知识和能力，对自身素质的提高作用不大，而且不能更好地适应社会的发展变化。

（三）城镇化进程中农村教育经费投入严重失衡

农村税费改革是减轻农民负担的良好举措，但由于地方政府对教育的投入严重不足，致使农村基础教育经费严重短缺，甚至使农村基础教育的发展步入了非常艰难的局面。具体表现为：教师工资不能按时足额发放，基本办学条件得不到保障；教育过程中积累的债务矛盾难以化解；农村家庭基础教育负担偏重，义务教育普及率偏低。另外，长期以来我国教育投资在国民生产总值和财政支出中所占的比例一直很小，在保证城镇教育经费的情况下，对农村教育的投入几乎很少，不仅远远低于发达国家，而且也低于许多发展中国家。农村基础教育除了经费匮乏，投入严重不足以外，投入结构也不合理。基础教育投入在整个教育过程中的投入比重较低，“二元结构”是中国特殊的国情，并且还会在相当长的历史时期内存在。在城乡“二元社会”背景下，城乡教育必然也是“二元结构”的教育。[②] 然而，我国现行的教育制度，具有明显的城市化倾向，极少为农村、农民和农业培养人才，严重不适应我国农村经济社会发展的需要。

---

① 黄雪．城市化进程中农村教育存在的问题及解决对策［J］．甘肃农业，2006（9）：31－32．

② 李水山．现阶段农村教育存在的主要问题与解决对策［J］．教育与职业，2003（15）：6－9．

（四）城镇化进程中农村高素质的师资力量短缺问题比较突出

随着城镇化进程步伐的加快，农村学校布局有了较大的调整。校舍规模扩大，教师队伍呈基本饱和状态，但现有的师资队伍素质却很难适应教育改革和创新的需要。农村教育师资问题比较突出地表现在五个方面：一是农村中小学教师队伍年龄结构偏大，缺乏竞争意识；二是由于学生人数减少，教师人数出现超编现象，但高素质的教师较少；三是农村办学条件差，由于地方政府有“偏城镇小农村”的思想，加之大部分高素质的教师不愿到农村学校任教，是构成农村教师力量下降，教育问题凸现的主要问题；四是农村中小学教师学习培训机会极少，知识老化、观念陈旧、思想保守，是影响农村学生素质教育的重要方面；五是全国农村中小学教师学科结构不合理，由于教师队伍的不合理，某些课程只有书，没开课的现象比较突出。

二、城镇化进程中农村教育存在问题的原因分析

城镇化进程中，农村教育正在悄然发生着变化。在这一变化过程中农村教育发展面临许多问题，对这些问题进行归类分析，有助于更好地认识和把握农村教育在城镇化进程中的发展变化规律。

（一）教育政策体制方面的原因

由于地方政府的财力与当地的经济发展状况有极大的关系，加之地方间的经济发展不平衡，所以将教育事权、财权层层下放给县、乡（镇），但与事权相对应的人事权却没有下放，这就抑制了农村教育的发展动力。特别是在农村基础教育中，财政转移支付制度不规范，未能体现公平原则，政府财政拨款在城乡间是极不公平的。城乡间义务教育阶段预算内学生人均经费存在较大差距，尤其是预算内公用经费，城镇学校要比农村学校高出许多，城镇学生人均基建经费也高于农村。不合理的教育资金投入，导致重城镇轻农村，使农村教育发展相对停滞怠慢。同时在城镇化进程中各基层教育行政部门的一些不合理评价制度及利益分配制度挫伤了农村教师和学生的教学与求知的积极性。对教师的评价，只求一个分数，一切教学绩效奖、评优、晋级

和住房分配等都以此为依据；对学生的评价，也只凭分数。分数高则优胜，分数低则劣汰，这是导致农村学生辍学率居高不下的根本原因，也是对待农村教育的政策和体制障碍。

（二）教育培养目标方面的原因

现行农村教育的最大问题，是教育目标的错位。长期以来农村教育“克隆”城市普通教育的模式，这与农村的实际情况相距甚远。在国家实行高校全国统一招生考试制度下，由于在学校硬件、师资水平和资讯等方面的天然劣势，农村学生的入学率只有城市学生的十几分之一乃至几十分之一。绝大多数的农村学生，苦读八年（小学五年，初中三年）只能回乡务农，有些还未等到初中毕业就辍学，因为缺乏技能，进城打工没门，搞二、三产业无路，只好在家里闲着。毕业后的农村青年不能很快融入当地的农业和农村经济活动中，造成农村劳动力的巨大浪费和盲目流动。同时，教育支出是农民最大的负担，很多家庭为此负债累累，陷入恶性循环。农村教育的办学方向不改变，对于促进现代农村经济健康发展，将产生极大影响。

（三）社会文化环境方面的原因

在城镇化进程中，灯红酒绿的闹市让农村孩子感到万分不自在，加之来自家庭经济的压力，选择辍学打工也就不难理解。城镇化进程对农村经济的发展有着促进作用，但富的是少数，穷的是多数，特别是在许多商人的收入比教师的工资高出很多的情况下，教师心态不平衡也就见怪不怪了。另外，中国传统文化对男、女性别的不同导致对子女的受教育程度的限制。大多数家长认为女儿只要会识字、算账就行了。最现实的结果就是很多农民不愿意承担这种高昂的教育风险投资，读书无用论开始上升。20 世纪 90 年代以来，由于乡镇企业调整，农业生产资料价格上升，农业劳动力过剩等因素的影响，农村家庭收入增长甚少，甚至相对还在下降，家庭收入的减少直接影响农村学生的求学积极性。很多特困户、贫困户家庭辍学的原因就在于此。加上农村很多地区观念陈旧，家长文化水平低，没有法制观念，认为孩子上不上学是自己的私事，缺乏法定义务意识。还有一些家长只顾眼前利益，不顾长远利益，让学生辍学早点赚钱的现象也很普遍。

三、解决城镇化进程中农村教育问题的对策

城镇化进程中，我国农村教育的发展遇到了许多问题，如果这些问题得不到及时解决，就会成为农村教育改革与发展的障碍，也会在一定程度上影响城镇化进程的步伐。而城镇化进程中农村教育存在的问题，需政府、学校和家庭等各方面共同努力、协调合作才能解决。

（一）转变教育观念，以科学的态度和方法发展农村教育

农村教育需要树立和城镇化相适应的教育观念。面对城镇化的要求，改变陈旧的教育理念、价值取向和教育目标是时代发展的必然趋势。必须要从封闭的以升学为目的的应试教育办学模式中脱离出来，树立适应现代化、社会化的教育观，使教育与农村经济和社会发展相结合。要充分认识经济与教育的关系，农村要发展没有教育是不行的，而推进教育改革就必须转变思维，依靠新的观念。农村教育的发展不在于它能为学生带来多少“实惠”，而在于它是否使学生具备了最基本的素养和进一步发展的潜力。这意味着农村教育一定要把提高人的基本素质作为根本目的，把教育的育人功能置于首位。同时，还要努力实施素质教育。学校要用全面的教育代替片面狭窄的知识灌输，全力营造一个积极健康的育人环境，家长要淡化“升学主义”的倾向，从思想观念上真正认识理解基础教育对社会发展和个人进步的重要意义。

（二）加强宣传力度，充分发挥教育法规体制的保障作用

地方政府要充分发挥城镇教育资源的优势，教育行政部门要更积极、更有效地为农村和农民服务，特别是要向他们培养输送合格教师，并且扩大城镇各类职业学校面向农村的招生，开展职业技能培训。要广泛动员高校和科研院所参与农村教育，在农村扶贫项目和基础设施建设项目实施中，要把技能扶贫列为主要任务。城市的高等院校和科研院所通过参与农村教育改革，发挥自己的优势，使自己的科研成果尽快转化为生产力，才能促进农村的现

代化；同时高校要通过培养农村职业技术人员，把农村职业教育办起来。要建立为农村经济和教育发展服务的科研体制，如建立农村教育研究所、农村科技推广培训中心、农村教育学院等。借鉴美国、日本、德国、韩国重视职业教育、继续教育和农村教育的经验，加强对农村发展的政策、科技、信息等各方面的理论研究。最后，强化各级教育行政部门的执法主体地位，依法健全和完善义务教育入学通知书制度，依法健全和完善学生辍学报告制度。

（三）完善课程结构，使农村教育更好地适应社会的发展

合理的课程结构是一个学校得以正常运转的前提，也是农村教育能否进一步深化的关键。目前农村正在经历一个城镇化的过程，而且不久的将来都会走上城镇化的道路。作为城镇化的教育也确实应该首先接受新的教育思想，尝试新的教育改革。因此，农村教育可以对现行课程结构进行如下调整：

一是树立课程现代化的思想。农村基础教育应以现代化的思想、观念、价值来统摄课程的建构，更好地处理好“社会需求”、“知识体系”、“学生发展”三者之间的关系。

二是建构多样化和均衡化的课程类型结构，倡导实施以综合课程为主的课程计划，平衡“国家课程、地方课程、校本课程”三者的关系。对于综合课程、地方课程和校本课程，不能只从形式上增设，要充分发挥它们激活农村基础教育的功能。

三是突出课程内容的时代感。农村基础教育除了要提供最主要最必要的文化科学知识，还要看清城镇化的历史趋势，更新课程内容，力求把那些最具有时代特色的现代化、城镇化的知识和技能传递给学生，以适应我国城镇化发展以及农村自身发展的需要。

第七章 基于可持续发展观的中国农村环境教育

第一节 经济全球化背景下的可持续发展

经济的全球化对世界经济的影响是全方位的，它不仅促进了经济增长，扩大了世界产出，使生产与消费从结构到区位发生了重大变化，而且给全球可持续发展带来了新的挑战。总体而言，经济的全球化从根本上有利于环境保护与可持续发展。但在一定条件下也会给可持续发展带来一定的负效应。因此，要重视在经济全球化背景下来研究可持续发展问题。

一、可持续发展的全球化特征

可持续发展作为一种全新的发展战略自身具有全球化的特征。可持续发展自身的全球化特征主要表现如下：

1. 生态环境问题具有空间的转移性，使可持续发展具有全球化特征

生态环境破坏是人类行为的结果，这种破坏性的结果在空间上是可以转移的，生态环境首先是在一国或某一地区凸显，然后在空间上转移，从而形成全球性的生态环境问题。许多重大的环境问题都具有跨国性，“部分国家出现的有害现象可以通过大气运动、河流及海水流动等介质影响到另外一些地区”[①]。例如，全球温室效应便是很好的例证，热带雨林地区的原始森林是地球的肺叶，对全球气候的调节起着重要的作用，但这些地区的热带雨林

① 延军平，黄春长，陈瑛. 跨世纪全球环境问题及行为对策［M］. 北京：科学出版社，1999：3.

近年来遭到了严重破坏，引起了全球气候的失调，同时二战以来随着人类“征服太空”事业的发展，人类源源不断地向太空抛洒化学物质和太空垃圾，增加了电辐射，形成了臭氧洞，强化了全球的温室效应。据统计，目前全球每天造成的环境影响是：6 400 万吨表层土流失，100 平方千米的土地沙漠化，向空中排放 1 750 万吨二氧化碳；4.7 万公顷的森林遭到破坏，100—300 个物种被灭绝。[①] 环境恶化造成全球气候异常，灾害频繁。作物减产成为全球共同面对的问题。可持续发展的实施需要世界各国在统一认识的基础上采取一致行动，这就使可持续发展自身具有全球化的特征。

2. 可持续发展的实施需要达成全球的共识，使可持续发展也具有全球化的特征

生态环境系统具有整体性和综合性，因而生态环境是世界性的，是全人类共同的财富，需要大家共同保护。但是在全球可持续发展的实施中。不同国家之间存在着一些不一致性。另一方面各国出于自身利益的考虑，许多国家的政府只关心自己领土范围的环境保护，甚至不惜以牺牲别国的环境来保护本国的环境，如一些发达国家将污染严重的产业转移到发展中国家，将有害垃圾输出到发展中国家。另一方面，可持续发展战略要求世界各国在全球化的过程中，考虑将生态环境成本内部化，但由于各国经济发展水平的不一致性，各国生态环境成本内部化的程度不可能一致。再加上世界经济秩序的不合理，世界经济长期受制于不合理的国际分工，生态环境的恶化也与此紧密联系，发达国家几百年的繁荣在相当大的程度上是建立在掠夺和开发欧洲、北美洲之外的资源基础上，发达国家对发展中国家资源的大量消耗通过贸易链条引发了不发达国家的环境恶化。这一问题在南北之争的本质问题上表现得极为突出，环境问题是南北之争的一个焦点，在可持续发展的认识问题上，北方的发达国家把可持续发展当做改善环境，改善生活质量的手段，而处于南方的发展中国家却把可持续发展当做生存与发展的手段，这样使南

---

① 张东辉. 发展经济学与中国经济发展 [M]. 济南：山东人民出版社，1999：36.

北在可持续发展问题上形成了争论。在环境保护与发展的优先性上，发展中国家坚持发展的优先性，而发达国家却强调环保的优先性，在处理全球环境问题时，往往要求采取“一致行动”，并把“一致行动”作为贸易保护主义策略而使用。在责任与权利问题上，“发达国家以全球四分之一的人口消耗了世界资源的四分之三，并排放了一半以上的污染”，但他们不愿为其排污承担相应的责任。由此导致“发达国家为保持竞争优势而在可持续发展上逃避责任，发展中国家在坚持发展权的同时拒绝承担责任”①。因此，可持续发展的实施需要全球达成共识，并需要明确各自的权利与义务关系，这就使得可持续发展的实施不能脱离全球化的背景。

二、经济全球化对生态环境的影响

可持续发展模式本身就带有全球化的特征，而经济全球化的进一步发展又使可持续发展成为世界各国面临的共同问题。关于“经济全球化”与“可持续发展”关系的认识，理论界认为两者既有互相促进的一面，又有相互矛盾的一面。但笔者认为这是从一般意义而言的，从现实来看，经济全球化使生态环境问题日益突出了。因为可持续发展不仅是一国经济发展战略的组成部分，而且是人类社会发展过程中面临的共同问题，在经济全球化背景下，贸易和投资的自由化可能会加快发达国家将一些高污染、高耗能产业向发展中国家转移，同时发展中国家的贸易发展中也可能会产生“环境倾销问题”②，经济全球化推动了贸易的自由化，而贸易的自由化又使环境问题日益地突出了。

1. 经济全球化加快了物质与能源的消耗

经济全球化的表现是贸易的自由化，自由贸易会使经济活动的范围和规模扩大，这就意味着经济系统必须消耗更多的物质与能源，这就是自由贸易

---

① 戴星翼. 走向绿色的发展［M］. 上海：复旦大学出版社，1998：18.

② 张汉林. 经济全球化、世界组织与中国［M］. 北京：北京大学出版社，2000：114.

的增长效应，这种增长效应必然会加速世界物质资源的消耗。因为经济全球化导致的经济活动的增加，将通过经济系统消耗更多的原料和能源，增加资源和环境的压力，加剧资源的枯竭和环境的退化，从而带来一定的资源和环境的损害。在这种情况下，单独一个国家在不耗损其自身资本和资产存量的意义上，完全有可能以其他国家的不可持续发展为代价来保证其自身的可持续发展，这就形成了经济全球化推动经济增长给环境带来的压力。一个典型的例子就是工业化国家大量进口热带森林产品，这种进口会鼓励出口国砍伐森林而不去建立其他的资本形式。当出口国出口这类产品时，对进口国来说这是有效的进口持续性，却使出口国自然资源的耗竭在加速，而热带森林产品的耗竭又会进一步引起世界气候的变化，导致全球生态环境进一步恶化。同时，经济的全球化会导致市场规模的扩大，促进集约经营方式和现代科学技术的应用，而集约经营方式和现代科学技术的应用在某种情况下将会导致生态环境的破坏。同时在经济全球化的过程中，发达国家在国内集中发展高新技术产业与服务业，将污染产业向发展中国家转移，使发展中国家的生态环境遭到破坏，影响到发展中国家的可持续发展。

2. 经济全球化会促进外部性在国家之间的转移

在全球化背景下，自由贸易与自由投资将导致污染品在全球范围内的转移与扩散，使生态环境破坏的外部性在国家之间转移。在国内市场上，市场机制易于产生外部性，从而忽视环境的损失。正如国内市场没有充分考虑环境的损失一样，经济全球化背景下的自由贸易也忽视了环境问题，贸易的自由会增加市场失效的可能性，并使外部性在国家之间传递，加速外部性的空间转移，使发展中国家日益成为发达国家转移污染的场所，使相当一部分发展中国家在一定程度上依赖于可耗竭资源的出口以获取外汇收入。因为从一般意义而言，经济发达国家生态环境成本内部化的程度高，而发展中国家生态环境成本内部化的程度相对较低，这样在经济全球化的背景下，使外部性由生态环境成本内部化程度高的发达国家流向生态环境成本内部化的程度相对比较低的发展中国家，最终形成外部性的国际转移。在农作物的贸易实例中，发展中国家为了获取更多的外汇收入，就必然会注重于扩大种植面积以便增加出口，如果这种受影响的作物是有害于环境的，则这些国家土地上的土壤可能会受到直接的损害，对边远地区土壤的损害可能更大。即使作物是无益环境的，人们努力砍伐灌木、破坏生态植被和扫清林地去扩大对边远土地的耕作，而森林的砍伐与植被的破坏又会增加潜在的土壤侵蚀，从而引发大面积的生态环境破坏。

3. 经济全球化使环境的全球化与经济的全球化之间的关系日益复杂

经济全球化可以表现为两个侧面，一个侧面是经济的全球化，另一个是环境的全球化。经济全球化趋势的加强，使经济的全球化与环境问题全球化的关系日益复杂化了。20 世纪 80 年代末 90 年代初，正如可持续性现今迅速被全球所接受一样，“经济全球化”的浪潮日益深入人心，并席卷世界各国。关于“经济全球化”与“可持续发展”的关系，总的观点有两种：“环境保护主义者认为，经济的全球化导致了环境的进一步恶化，影响了环境保护政策的实施效果，因而阻碍了可持续发展；经济全球化的倡导者认为，经济全球化促进了经济发展，因此有利于改善人类的福利水平，有利于可持续发展。”[①] 对于“经济全球化”与“可持续发展”的关系虽然不能作出这么简单的理解，但是两者的关系的确复杂了。一是经济全球化的行为与可持续发展的理念相抵触，经济全球化的行为是通过市场机制的作用推动生产要素在全球范围内的自由流动，而可持续发展的理念是强调在生态环境保护的基础上谋求经济发展，但是生态环境成本难以通过市场机制反映出来，从而形成了经济全球化的行为与可持续发展理念的抵触。二是在国家关系方面，加剧了发达国家与发展中国家在环境问题上的矛盾对抗。在可持续发展的实施过程中，一些发达国家以保护环境的名义，建立自己的环境标准，构建“绿色环境壁垒”，限制了商品在国家之间的流动，制约了发展中国家的经济发展，加剧了发达国家与发展中国家在环境问题上的对抗。

---

① 王伟中. 国际可持续发展战略比较研究 [M]. 北京：商务印书馆，2000：33.

第二节　可持续发展理念下的环境教育

人类赖以生存的环境所以会遭受严重的破坏，原因在于指导这些行为的基本观念不正确。在这些不正确观念的指导下形成一些理论，从而造成环境问题，危害人类的生产、生活和健康。所以，要从根本上解决环境问题必须改变传统的观念，提高全人类对环境问题的认识，进行环境教育，把可持续发展的新思想贯穿于整个教育之中。

一、环境教育的内涵

法国教育家卢梭早在200多年前指出："教育是一切有益人类的事业中首要的一种。"目前世界各国都已达成共识，把教育视为解决环境问题的必由之路。为了有效地利用和保护环境，环境教育在世界各国尤其是发达国家日益受到重视并大力发展。那么，什么是环境教育？其内涵是怎样的？由于环境教育的跨学科性，需广泛运用各个学科的知识技能，要科学地揭示环境教育的内涵并不是一件容易的事。自20世纪60年代后期环境教育正式起步后，国内外理论界就环境教育的内涵开始进行深入的探讨。因为环境本身涉及的范围极其广泛，所以环境教育的内涵也十分丰富和复杂，人们对它的理解也一直存在着诸多不同的观点。

（一）从不同角度对环境教育定义

（1）从协调人与环境关系的角度上看，早期人们把环境教育概念的重心落在人与环境的基点上，代表了20世纪90年代以前人们对环境教育概念的理解。1970年，美国颁布的《环境教育法》指出：环境教育是指关于人与自然环境和人工环境之间相互关系的教育过程，包括人为环境污染、资源分布与消耗、资源保护、资源和环境的开发技术及经济效果以及城市和农村开发计划等各种人类活动同整个人类环境之间的相互关系。该定义是关于环境教育的第一个比较完整的界说。

(2) 从环境教育发展目标的角度上看，随着人们对环境问题认识的深入，人们开始考虑环境教育的发展目标并识别了其跨学科的特征。1977 年的第比利斯（Tbilisi）政府间环境教育大会对环境教育概念的探索具有十分重要的意义。会议将环境教育定义为：环境教育是一门属于教育范畴可跨学科课程，其目的直接指向问题的解决和当地环境实现，它涉及普及的和专业的，校内的和校外的所有形式的教育过程。该会议不仅明确了环境教育的基本性质和教育对象，还详细指明了环境教育的目的与目标，并规定了它是一个终身教育的过程。

(3) 从环境与发展的角度上看，到 20 世纪 80 年代末，人们普遍认为，过分强调人与自然的和谐缺乏现实性，而且不适合现代社会的发展。1992 年联合国环境与发展大会着重强调要对环境教育重新定向以适应国际可持续发展战略的要求，并肯定了环境教育在促进人与环境的可持续发展方面的重要作用。香港课程发展议会 1992 年发布的《学校环境教育指引》中指出：环境教育是一个教育过程，借此加强学生对环境的认识，提高所需要的技能，发展他们的价值观及态度。

(二) 不同领域对环境教育的定义

1. 学科说

学科说是从环境教育的学科属性的视角论述环境教育的涵义，它把“环境教育”作为一门教育科学，认为“环境教育是运用广泛的教育手段将环境科学的知识和技能传授给广大的受教育者，使之改变传统的有害于环境的价值观，牢固树立起可持续发展观，并掌握有效参与的技能，从而采取保护和改善环境的行动的新兴教育学科”。也有学科认为“环境教育是以跨学科活动为特征，以唤起受教育者的环境意识，使他们理解人类与环境的关系，发展解决环境问题的技能，树立正确的环境价值观与态度的一门教育科学”。

2. 过程说

过程说主要是将环境教育视为一个人的价值观念澄清与确立的过程，重点是要认识和确立人与自然环境之休戚与共的关系，深刻揭示了环境教育的主旨与关键所在，也隐含着环境教育价值的实现与达成是一个漫长的、渐进的过程。认为“环境教育是一项确认价值和澄清概念的过程，旨在发展态度和技能，并能了解和欣赏人与其文化和自然环境的相互关系”。该定义于1970年由国际自然与自然资源保护同盟在内华达（Nevada）会议上提出，这一定义从提出后至今一直被人们经常引用。美国1970年通过的《环境教育法》这样定义：“所谓环境教育，是这样一种教育过程：它要使学生环绕着人类周围的自然环境与人为环境同人类的关系，认识人口、污染、资源的分配与枯竭、自然保护，以及运输、技术、城乡的开发计划等，对于人类环境有着怎样的关系和影响。”这是一种具有广泛代表性的对环境教育的理解方式，它主要是从自然环境保护的角度来阐释环境教育的概念。

3. 手段说

手段说清晰地表明了环境教育所要达到的基本目标，即认识、治理环境问题与保护自然环境，这无疑是环境教育的主旨之一，也容易为人们所理解和接受。1974年，在查米（Chamie）召开的环境教育研讨会上，联合国教科文组织委托芬兰国家委员会将环境教育定义为“环境教育是达到环境保护目的的一种途径”。我国的《大百科全书》（环境科学卷）也从这一角度出发对环境教育概念进行表述：“环境教育是借助于教育手段使人们认识环境，了解环境问题，获得治理环境污染和防止新的环境问题产生的知识和技能，并在人与环境的关系上树立正确的态度，以便通过社会成员的共同努力保护人类环境。”可以看出，无论从不同角度对环境教育定义还是从不同领域对环境教育定义，都有其各自不同的出发点、侧重点与归宿。从整体上看，这些定义方式或者没有真正地、完整地揭示环境教育的内涵，或者对环境教育内涵的表述还没有跳出就环境问题论环境教育的范畴。

（三）从教育学出发看环境教育的涵义

教育学是研究教育现象，探讨教育规律的一门教育科学的基础科学。环境教育在借助教育手段实施教育时，必须遵循教育的一般规律和原则。首先，在阐释环境教育的涵义时，应体现教育的本质。也就是说环境教育作为环境科学与教育学结合的新领域，应视其为一种教育活动。其次，环境教育应从人类同其周围环境之间的关系出发，考虑环境与发展问题。第三，适应国际可持续发展战略的要求，环境教育在推进可持续发展方面起重要作用，因此，环境教育应定向于可持续发展战略。第四，要帮助个人和社会群体对整个环境及其相关问题有所认识和感受，不断提高人们的环境意识、环境知识和环境技能，在人与环境关系上树立正确的态度，以使通过社会成员的共同努力保护人类环境。①

概括国际、国内对环境教育的认识，我们认为，环境教育是以自然环境、社会环境为前提，以全社会所有的人为对象，通过多种学科、多种渠道、多种手段和方式以提高各年龄层次的人们对环境价值的认识，环境意识的加强，环境知识和技能的掌握的一种全民的宣传教育活动。我们的理解是：

第一，环境概念不仅是指人类固有的自然因素，而且包含了人类赖以生存和发展的自然和社会因素的总体，所以在讨论环境教育问题时，不能只是一味地强调自然因素，而社会环境同样在教育的范围之内。只有从综合的角度考察我们人类的行为，才不至于把环境教育硬性地定位于自然因素上面。

第二，环境教育对象是全社会所有年龄层次的人。众所周知，环境问题是人类发展的必然产物，环境的治理与保护不是某个部门、某个行业单方面的任务，也不能单单把它看做政府行为或环保部门的职责，它是一种全民的义务和责任。因此，必须对全社会所有的人进行环境教育，这种教育可以根据年龄层次、文化水平、专业性质，以及行业、职业的特征来进行，只有从全社会来考虑，才不至于把环境教育的对象限定于学校学生或环保部门的人员。

第三，环境教育性质是综合性的。以往的各科知识，虽然都涉及相应的

① 张全瑜. 环境教育内涵的探析［J］. 理论导刊，2006（9）：88－90.

环境知识，但由于各学科的独立性，它仍难以甚至根本不可能使教育者和受教育者全面地去考虑环境。环境教育应该是跨学科性的，广泛利用来自自然科学、生物学、社会学、人类学、经济学、政治学、人口学、地理学等各个学科领域的知识和技能。如果单单看做教育部门或专业学科的任务，那是不能达到环境教育目的的。由此看来，环境教育的目的是要解决人们的环境意识、观念，普及环境知识和技能，在社会生产和生活中能有效地利用环境，保护环境，以实现人类社会的可持续发展。

1975 年《贝尔格莱德宪章》指出："须对那些旨在达到最大经济效率而全然不顾其对社会和对可用于改善人类生活质量的资源所造成的后果和政策提出质疑。在重点转移之前，大量的人本身就必须要调整其重点，并树立全球的道德——即在其所有行为中，均要反映出对改善环境及改善全世界人民生活承担义务。"[①] 1977 年第比利斯（Tbilisi）政府间环境教育会议上指出："环境教育是一个基本目标，是要使个人和社团理解自然环境和人工环境的复杂性——造成这种复杂性的原因来源于人类的生物活动、物理活动、社会活动、经济活动和文化活动各方面的交互作用；……环境教育的另一个基本目标，是要清楚地揭示当代世界在经济、政治和生态上相互依存，不同国家采取的决策和行动会引起国际性反响。"

当前，人类社会的发展与资源环境之间的矛盾相当尖锐。一方面，人类要保证经济、社会的持续发展，而资源环境却有一定限度；另一方面，人类想方设法要改造、治理、保护环境，而人们的环境意识、环境观念、环境知识却相当淡薄。因此，必须通过环境教育来改变人们传统的思想观念、思维模式、行为方式。一方面是在地球上所有国家均要重视政治、经济、生态环境的相互性，而另一方面在一个国家内，政府、机关、企业厂矿、社会团体、学校、家庭都要重视环境教育。环境教育的目的是"要促使人们清楚地

① 崔凤，唐国建．中国大陆的环境教育及其研究［J］．中国海洋大学学报（社会科学版），2004（4）：86－89．

意识并关注城乡地区经济、社会、政治和生态方面的相互依赖性；为每个人提供获取保护和改善环境必需的知识、价值观、态度、义务和技能的机会；建立个人、群体和社会对待环境的新的行为模式”。

二、实施环境教育是可持续发展的客观要求

1. 保护生态环境是可持续发展的基石

《21世纪议程》指出：可持续发展是“既满足当代人的需要，又不对后代人满足需要的能力构成危害的发展”。也就是说，既要考虑当前发展的需要，又要考虑未来发展的需要，不能以牺牲后代人的利益为代价，来换取当代人的利益。1994年中国政府发表的《中国21世纪议程》将我国可持续发展的战略目标定为“建立可持续发展的经济体系、社会体系和保持与之相适应的可持续利用的资源和环境基础”。实现可持续发展，越来越成为各国推进经济和社会发展的战略选择。我国有13亿多人口，资源相对不足，在发展进程中面临的人口资源环境的压力越来越大。我们绝不能走人口增长失控，过度消耗资源，破坏生态资源的先发展、后治理的发展道路，这样的发展不仅不能持久，而且最终会带来很多难以解决的难题。我们既要保持经济持续、快速、健康发展的良好势头，又要抓紧解决人口资源环境工作面临的突出问题，着眼于未来，确保实现可持续发展的目标。实现可持续发展，核心问题是实现经济社会和人口资源环境的协调发展。现在国际上已公认，发展不仅要看经济指标，还要看人文指标、资源指标、环境指标，为了中华民族的子孙后代始终拥有生存和发展的良好条件，我们一定要高度重视并切实解决经济增长方式的转变问题，按照可持续发展的要求，正确处理经济发展和人口资源环境问题，努力开创生产发展、生活富裕、生态良好的文明发展之路。

2. 环境教育是可持续发展教育的核心

2005年3月1日，联合国正式启动了《联合国可持续发展教育十年国际实施计划》（简称“国际实施计划”），明确了可持续发展教育的中心思想

是教育对可持续发展的促进关系，其本质涵义是，在推动可持续发展进程中，教育承担起为可持续发展服务的时代使命，教育发挥促进社会、环境与经济可持续发展的重要作用。[①]《21 世纪议程》中明确指出："教育是促进可持续发展和提高人们解决环境与发展问题的能力的关键。"[②]

教育在促进可持续发展战略进程中的作用具体体现在：

（1）教育激发公众建立人人有能力和有责任实现社会积极变革的信念。

（2）教育是可持续发展变革的主要手段，教育增强人们把可持续发展理念变为现实的能力。

（3）教育形成可持续未来需要的价值观、行为和生活方式。

（4）教育掌握社会平等、经济进步和生态活力的选择与决策的方法。

（5）教育培养具有国际视野责任感，具有展望新未来和面对现实社会实施改革的能力的人。

从可持续发展教育的基本功能定位分析，教育必须作出抉择，适时应对，积极变革与创新。充分发挥促进可持续发展重要支柱的作用。同时，需要将这种新理念融入到现代学校管理、课程建设以及教育活动中去，以使基础教育在实现适应经济、社会发展要求，构建现代教育体制和体系的发展目标过程中，真正发挥全局性、先导性和基础性的重要作用。

从广义上讲，环境教育不仅包括自然环境的教育，还包括社会环境的教育，其实质是帮助人们关爱环境，与自然和谐相处，可持续发展的目标是追求人类和谐的、可持续的发展，可持续发展教育涵盖环境教育的内容，环境教育是可持续发展教育的基础和核心。

实现可持续发展，维持生态平衡，实现人与自然的共同繁荣，反映了高层次的生态文化，反映了新的生态文明。破坏生态平衡，破坏生态需要，不仅是反"自然"的，也是"反文化、反文明"的。因为正是这种破坏，既破

---

① 钱丽霞. 可持续发展教育：促进基础教育改革的新理念［J］. 全球教育展望，2006（8）：31－37.

② 刘丽丽. 可持续发展战略中环境教育的实施［J］. 哈尔滨师范大学自然科学学报，2006（1）：99－101.

坏了物质文明，也破坏了社会主义精神文明。我们讲发展，不仅讲社会经济发展，还必须讲社会文化和社会文明的发展，只有这样，才能促进经济、社会、人和自然之间的协调发展。环境教育的目标是促进个人的发展和完善以适应社会发展的要求从而促进整个社会的发展和完善。在经济全球化的趋势下，实现经济社会的可持续发展，环境教育的作用和地位是显而易见的。

3．接受环境教育是21世纪公民自身发展的需要

人们要想在风云变幻的经济全球化的大潮中求生存，求发展，必须不断提高自身的素质。环境教育的根本任务就是努力提高公民的环境素质。公民必须具备与自然、与他人、与社会和谐相处的素质和能力；有正确的自然观、丰富的环境知识和环境道德意识。目前的情况是，很多人的环境意识和生态意识还是很薄弱的。中华环境保持基金会的调查显示，在农村，40%的人不知道环境保护，城市也有11%的人不知道环境保护是怎么回事。城乡居民有67%的人不知道“世界环境日”，52%的人没听说过“酸雨”这个名词。①

公民的环境素质，包括环境知识、生态伦理意识、环境价值观和环境保护技能，环境素质的第一要素应该是环境道德意识。所谓环境道德，就是把人对自然的信念、态度和行为纳入道德评判，制定出人对自然的责任和义务，并经过伦理确证，上升为对自然的伦理信念、道德态度和行为规范，变“他律”为“自律”。加强环境伦理道德教育、树立人与自然、人与人的生存平等、利益平等、发展平等的正确道德观是环境教育的重中之重。经济全球化需要道德的支撑，科技全球化需要道德的约束，WTO的基本要求本身就是道德人格的要求，因为公平竞争和交易的本质基础是诚信，世界经济贸易是道德经济和贸易，不是投机，更不是假冒伪劣，没有道德观念就等于与灾难打交道。

早些年，由于市场经济刚起步，各项规章制度不完善，人们的道德观念

① 周晚田，马铭．经济全球化与环境教育［J］．济南大学学报，2003（2）：66－69．

受到消极因素的影响，生态环境道德观更是没有启蒙，不少地区和单位为了生产，增加眼前的经济效益，污染严重的小工厂比比皆是，砍伐森林，草原开垦，围湖造田到处发生；用现代工具在森林、流河、海域偷猎珍稀动物的事屡见不鲜，一时间，“靠山吃山，靠水吃水”的现代原始人对大自然进行了野蛮的压榨，这种吃祖宗饭，断子孙路的行为实在与环境道德格格不入。

三、可持续发展理念指导下的环境教育

一种新的理念、新的战略的出现，意味着一场深刻的变革，传统的环境意识、环境观念、思维模式、行为方式必须改变。不论在什么社会中，任何更新教育的企图都必须从一些共同的观念、认识、方向中得到启发。在可持续发展理念的指导下，环境教育应明确目标，确定对象，审定内容，拓展途径。

（一）树立明确的环境教育目标

环境教育的目标是什么？《贝尔格莱德宪章》是这样讲的：“（1）意识：帮助个人和社会团体对整体环境及其有关问题有所觉察和保持敏感度。（2）知识：帮助个人和社会团体掌握对整体环境及有关问题的基本认识，以及理解人类在整体环境及有关问题中所担当的角色及重要的责任。（3）态度：帮助个人及社会团体掌握社会价值，显示对环境的强烈关注及拥有主动参与保护及改善环境的动机。（4）技能：协助个人及社会团体掌握解决环境问题的知识和技能。（5）评价：帮助个人及社会团体从生态、政策、经济、社会、美学及教育的角度去评价环境措施和教育课程。（6）参与：帮助个人及社会团体发展他们对环境问题的责任心和迫切感，借以保证以适当的行动去解决环境问题。”这是国际社会的共同主张。也就是说，可持续发展的环境教育目标是要增强环境意识和观念，扩展普及环境知识，保持与环境和睦相处的态度，培养解决环境问题的技能，公正客观地评价环境行为，积极参与改变环境的行动，让全社会所有的个人和团体都知晓环境问题关系到人类社会的可持续发展。

(二) 对全社会的人进行环境教育

关于环境教育的对象，人们习惯上把它划在某一个特定的范围，如学校、环境部门等，这种划分往往把大多数人排除在外。国际上把环境教育的对象一般划分为三类：(1) 大众或非专业人员；(2) 专业活动严重影响环境的群体；(3) 应当接受专门训练的环境领域中的科学家和技师。这就是说环境教育的对象包括全社会所有年龄层次的人。为了更有利、有效地提高所有年龄层次的人的环境观念和可持续发展意识，在此，我们把环境教育的对象划分为几个阶段或几个层次：

1. 学龄前环境教育

它是指对学龄前儿童启蒙性的爱护环境的常识教育，这种教育主要在家庭和幼儿园中进行。因为这类对象往往最容易忽视，人们总认为几岁的小孩无需进行环境教育，虽不知从小的教育培养在小孩的幼小的心灵深处将会扎上环境的根基。

2. 普通学校环境教育

它是指对在校学生进行环境意识、环境知识的教育，这种教育主要在学校内进行。在我国，在校学生有3亿多人，这是一个庞大的群体，一个人从小学到中学到大学都是在一定的环境中成长，对他们进行分年龄、分层次、分学科、分专业的针对性的环境知识与技能、环境意识、伦理观念的教育则为社会环境教育打下了基础。

3. 职业环境教育

它是指对各种在职人员在各自的职业岗位上的职业环境教育，这种教育主要在社会实践中进行。社会上有成千上万种职业，每个在职人员均有其本身的职业，这就要求他们所在的单位、部门根据本部门、本单位的实际对在职人员进行职业环境教育。因为这类对象分布在各个行业领域，他们的环境意识、知识、技能对社会经济及各行各业的可持续发展有着重要的影响。

4. 休闲群体环境教育

它主要是指对离退休人员及社会上的各类闲散人员的教育。我国离退休人员在人口比例中占了相当一部分，而闲散人员也有不小的数量，特别是闲散人员对环境有一定的影响，这就要求有关部门采取一定的教育措施和手段来提高他们的环境意识，增强他们的环境观念。

5. 特殊群体的环境教育

所谓特殊群体事实上已包含在我们前文所述的四种对象之中，只不过他们的观念和行为对环境有相当大的影响。在我国，这种特殊群体主要是指决策领导人员和“专业活动严重影响环境的群体”。决策领导人员包括各级政府部门的领导人员及企事业单位的领导人员，对他们的教育着重在环境意识、环境观念以及环境治理、保护法律法规知识。“专业活动中严重影响环境的群体”主要是指构成损害、破坏、污染环境的个体、团体，如乱砍乱伐的个体，污染江河的企业，对他们的教育应该是强制式的，有时甚至是惩罚式的。

（三）重新审定环境教育的内容

长期以来，人们将知识划分为若干“正规”学科，如生物学、化学、地理学、经济学、心理学、伦理学等，这些学科虽然都涉及相应的环境知识，但由于各学科都是独立的，因此它们难以使教育者和受教育者全面地去考虑环境。1976 年国外的一批专家创造一种适于环境教育的计划的概念框架，并以此开发了一套中心概念，即生态系统、人类、价值观念、技术、文化、文化机构、能源、循环和人口。西方一些发达国家把这类概念体系用于学校教育很有成效。在日本，小学一、二年级就开设了《生命与环境科学》，初中也增加《地球与人类》，高中在文科、理科、公民科等各方面都增加了大量的环境、资源、能源，环境与人类生活，保护环境与防止公害等内容。美国一些州的教育法律要求将环境教育纳入中小学的家政科、自然科学、社会科学、体育、数学、健康教育、语文教育、工业教育等科目中。根据我国环境教育的实践和经验，我们认为环境教育的主要内容有：人口与环境，资源、能源与环境，生态系统与环境，环境污染及其防治，全球性环境问题及可持续发展与环境等等。针对学校教育讲，小学、中学、大学都要根据学生的年龄身心特点，开设不同层次的环境教育的课程。小学是环境的启蒙教育，中学是环境的基本知识、基本技能教育，大学则是环境观念、环境意识以及专业环境的教育。

（四）扩展环境教育的途径与方式

在实施可持续发展战略中，必须有畅通的环境教育途径和有效的教育方式，才能使环境教育落到实处。具体来说可分为以下几个方面：

1. 家庭教育

这是针对家庭成员进行的一种环境教育。因为每个家庭成员都是社会的一分子，长辈、父母的言传身教对下一代产生影响，同时，后辈子女的新观念、新思想又能给上一辈有所启示。中国有成千上万个家庭，家庭的环境教育随时随地，相互影响的程度较大。因此，有必要提倡家庭的环境教育。

2. 学校教育

这是针对我国3亿在校学生的一种环境教育。众所周知，年轻一代是未来社会发展的“建设者和接班人”，是实施可持续发展的储备力量。学校的教育既讲理论，又讲实践；既有针对性，又有长期性；即是普通的，又是有层次的。通过学校有计划、有层次、有目的的教育，培养后一代具可持续发展的价值观、环境观，同时，亦具备基本的环境知识和环境保护技能。

3. 社会教育

这是针对大众公民的普及环境教育。它可以通过广播、报刊、影视、广告、网络等多种媒体以及各种普及性讲座和各种公益活动来进行。社会教育范围广阔，随机性强，影响面大。通过多种形式的社会教育，使广大公民具有一定的保护环境意识和知识，养成保护、爱护环境的习惯。

4. 专业教育

这是针对在校环境专业学生、科研人员、职业人员的教育，这种教育具有较强的系统性、理论性、专业性和职业性，它是一种高层次的教育。通过这种教育要把这一批人员培养成有效利用环境、合理治理环境、科学保护环境的主力军。

第三节　开展农村环境教育的必要性和措施

一、开展农村环境教育的必要性

（一）农村环境现状堪忧

近年来，在国家和全社会的重视下，城市环境日益改善。但农村环境问题却越来越突出，环境污染与生态问题交织在一起，不仅影响着农村人口的生活健康和农村经济社会的发展，也通过水、空气和食品等渠道最终影响到全社会。

1．农业生产与农村环境

在农业现代化进程中，为了提高粮食产量，化肥、农药、地膜等的使用量在不断增加。1997 年全国化肥施用量为 3 980×10^4 吨，2000 年全国化肥施用量达到 5 000×10^4 吨，2003 年全国化肥施用量为 4 411×10^4 吨（因耕地总面积下降，每公顷平均使用量并未下降），其中氮肥的使用量占总量的 50％－70％，而氮肥的利用率很低，约有 70％的氮素进入了环境，大部分进入地表水和地下水，一部分以氮或氮氧化物的形式进入大气，只有少部分留在土壤中供下茬作物利用。[①] 大量化肥流失，导致土壤板结、地力下降，加剧了湖泊、海洋的富营养化。硝态氮在通气不良的情况下进行反硝化作用，生成气态氮（NO、N_2O、N_2）逸入大气，使大气中温室气体增加。化肥中的硝酸盐，通过农产品被摄入人体后，对人体健康有一定的影响。

农业生产中杀虫剂、除草剂等农药的使用量在增加的同时，其种类也在不断增多，部分农药的毒性越来越大。喷洒的农药中，只有不到 30％被作物吸收，其余的都扩散到周围的大气、土壤和水体中。如有机磷农药，只有

① 刘青松．农村环境保护［M］．北京：中国环境科学出版社，2003：80－276．

10%被作物吸收，90%都扩散到环境中。[①] 农药在杀死害虫的同时，也杀死了大量的害虫的天敌，如燕子、青蛙、七星瓢虫等。农药给我国人民带来的危害也是非常惨痛的。我国每年因农药中毒的人数占世界同类事故中毒人数的50%，农药引发的皮肤损伤、呼吸道疾病更是不计其数。人们长期食用农药残留很大的农产品也是一些疾病频发的重要原因。

地膜在使用后，由于老化、破碎和回收不净而在农田中残留，平均残留率为20%，平均每公顷60千克。[②] 残留在土壤中的地膜，影响土壤肥力，不利于幼苗的萌发。夏秋季节，农田秸秆被大量焚烧，直接导致大气污染，近两年来虽有所改善，但在个别地区仍很严重。燃烧不完全所产生的烟雾刺激人体感官，还会对交通运输造成不利影响。

改革开放后，我国的畜禽养殖业得到迅速发展。畜禽养殖业由过去的分散经营，饲养头数少，主要分布在农区转变为集中经营，饲养头数多，分布在城市郊区和新城区。畜禽粪便量急剧增加，而农业肥料转向以化肥为主，导致畜禽粪便由宝变废。特别是畜禽粪便含水量大、恶臭，使得处理、运输和施用极不方便，更加剧了还田的难度。这些粪便的露天堆放，不仅污染大气、水，还会传播某些疾病。

2. 农民生活与农村环境

随着农村人口的急增，对自然资源的需求量大增，过度开发利用资源引发的环境问题越来越突出。在土地利用上，除了乡镇企业和乡村公路占用大量耕地外，农民建造新房时往往从耕地中挖取大量肥土用来做地基用土，这使得农田被破坏，耕地资源短缺的局面更加严峻。在广大山区，农民砍伐大量林木作为燃料，滥挖药材等，导致植被破坏、水土流失加剧。草原区滥搂发菜等行为，致使草地退化、沙化更加严重。农民生活中产生的生活垃圾，

---

① 张玉芳. 农村环境问题及对策［J］. 农村科技开发，2004（2）：4—5.

② 孙贵尚. 关注农村环境问题［J］. 中国国土资源经济，2005（4）：31—32.

或是到处堆放，或是就地焚烧，使农村环境污染更加严重。

3. 乡镇企业与农村环境

改革开放以来，乡镇企业异军突起，经济总量不断扩大，整体素质不断提高，但其自身仍存在着难以克服的先天性不足。[①] 乡镇企业主要是利用当地的农业资源发展起来的，资金比较短缺，平均规模较小，工艺技术落后，设备陈旧简陋，规划布局不合理，污染治理技术和设备不足。这就使得生产过程中物资消耗率高，废物排放量大，排放的废物得不到有效处理。

据1996年浙江省乡镇工业年报资料，绍兴县100多家乡镇印染厂万米染布的原辅料消耗，与较先进的绍兴丝绸印染厂相比，其煤耗、电耗、物耗及用水量分别超出25%、78%、63%和22%；杭州市乡镇造纸厂用水量比国有造纸厂多出66.9%。1996年，国家环保总局等单位进行的联合调查显示：1995年，全国乡镇企业废水排放量为 59.1×10^{8} 吨，占当年全国工业废水排放总量的21.0%；废水中化学耗氧量排放量为 611.3×10^{4} 吨，占全国化学耗氧量排放量的44.3%；重金属排放量1 321.4吨，占42.4%；砷排放量1 875.3吨，占63.3%[②]。

由于缺乏环境意识，对乡镇工业经济与环境要协调发展认识不足，片面追求产值、产量与经济效益，忽视生态环境和社会效益，只有生产挣钱的观念，没有环境保护的意识，对环境污染给人类带来的危害认识不够、重视不够，乡镇企业排放的废气、废水和固体废弃物，大部分未经处理就直接进入村镇周边的环境中，直接导致各种水体和大气污染。固体废弃物不仅占用大量土地，而且其有毒有害物经日晒风吹雨淋也进入到大气、水体和土壤中，导致空气质量下降、水体富营养化、地下水水质恶化等一系列环境破坏，进而影响生物生存，甚至导致某些动植物死亡，使生态系统遭受破坏，生物多样性下降，同时农民生活和身体健康也受到极大威胁。

---

① 刘斌. 中国三农问题报告［M］. 北京：中国发展出版社，2005：275.

② 杜习乐. 中国农村环境问题及对策方略［J］. 濮阳职业技术学院学报，2007（1）：20—21.

政府部门在对待乡镇企业污染问题上缺乏适宜的管理和诱导政策，只会采取强行关闭的措施。而鉴于乡镇企业对乡村经济和解决农民就业问题的巨大作用，那些被关闭的企业往往过一段时间之后又重新开业，使得污染状况得不到有效改善。

4. 农村小城镇建设中的环境问题

城镇建设缺乏环保意识的指导，规划布局不当，基础设施滞后，导致小城镇建设中环保欠账普遍，环境综合质量低。一些小城镇在发展中，环境管理落后，生产生活污水随意排放，垃圾到处堆放，废气烟尘胡乱排放，加剧了小城镇及周边环境污染。另外，小城镇在建设过程中，由于外延开发成本较低，而旧城镇改造费用较高，且拆迁比较麻烦，所以许多小城镇在发展中都往外发展，任意扩大用地规模，使原有的城镇用地没有很好地利用，导致大片肥沃的耕地被占用，土地浪费现象严重。

（二）农民环境意识欠佳

环境意识是影响环境问题解决的重要主观条件，环境保护的根本动力和环境问题的最终解决在于全民的自觉参与，而全民自觉参与环境保护行动的基础则是公众环境意识的普遍提高。农村环境问题的出现与不断加重，与农民环保意识的淡薄有很大的关系。农民的环境意识如何，将影响着农村环境保护任务的完成情况，进一步影响着中国环境保护的未来走向。中华环境保持基金会的调查显示，在农村，40%的人不知道环境保护。[①] 在乡镇、农村，人们的生态环境意识淡薄，往往只重视生产发展而忽视生态环境保护。绿色消费的社会氛围还未形成，人们距绿色就是效益、环境就是资本的观念还有较大的差距。然而，农村居民的环境意识如何，将影响农村环境保护任务的完成情况，进一步影响中国环境保护的未来走向。

（三）农民环境教育滞后

人们环保意识的提高，主要途径就是不断地进行环境教育。近年来，我

① 周晚田，马铭．经济全球化与环境教育［J］．济南大学学报 2003（2）：66－69．

国政府通过学校及媒体对公众开展了多种形式的环境教育，人们的环境意识有了明显提高。但也不能盲目乐观，许多环境教育活动仅局限在城市，缺少农民的参与，许多涉及农村环境保护方面的政策规划尚未真正落到实处，环境教育在广度及深度上远远不够。

（四）新农村建设必须重视生态环境保护

社会主义新农村的核心内容是“生产发展、生活宽裕、乡风文明、村容整洁、管理民主”。建设社会主义新农村，一个很重要的任务，就是要建设既有利于生产力持续发展，又有利于人居的良好环境。这个良好环境，既包括社会人文环境，也包括自然生态环境，才能从根本上改变农村的落后面貌。“村容整洁”是建设社会主义新农村的重要内容之一。农村环境卫生状况是衡量农民生活水平的一个重要标准，环境卫生状况的好坏不仅直接关系到农民的身心健康，也影响着农村全面奔小康，构建和谐社会的进程。农村环境卫生问题作为新农村建设的当务之首，它的解决不仅有着新农村建设开头起步的战略意义，更是农村生活环境几千年来的一个革命性转变。

环境可以改造人，可以提升人的素质，既可以转化为生产力，也可以形成和谐的社会氛围。因此，在建设社会主义新农村过程中，人们必须转变过去那种重生产轻生态，重经济建设轻环境建设的落后观念，形成经济与社会协调，人与自然和谐发展的新观念，以现代文明的理念引导人们加强社会主义新农村建设，创建我们的新生活。

二、影响农村环境教育的障碍因素

在我国，由于“二元结构”的影响，农民成为一个相对独立且自身具有特质性的群体，与城市居民在许多方面存在着巨大差异。因此，农民环境教育工作面临着特殊的障碍因素。

1. 门槛因素

农民的环境知识和环境意识不可能自然而然地形成，需要不断的学习才能获得，这种环境知识的习得需要基本的文化素质和相应的背景知识。与城市居民相比，我国农民受教育程度和文化水平总体偏低，限制了他们对环境知识的学习、接受和运用。

2. 渠道因素

当今社会，人们获取信息越来越依赖于大众传媒。在城市，利用广播、电视、报刊杂志、网络等大众传媒进行环境宣传教育已成为重要的渠道和手段。但在广大农村，大众传播渠道缺乏、单一、不畅，许多信息主要来源于左邻右舍的传闻和道听途说，其中混杂着大量不科学的成分。政府利用大众传媒途径进行环境宣传教育和农民利用大众传媒途径获取环境知识信息都存在着明显的限制。

3. 时间因素

环境知识的学习需要时间，作为城镇职工，有较充裕的时间进行学习，并且各行各业都在开展继续教育，可以比较便利地开展环境教育。对于农民，由于农作物生长的季节性很强，农忙时节的劳动时间长、强度大，在此期间很难抽出时间和精力参加学习。如果在此期间组织他们学习，则会减少他们的预期收益，意味着他们支付时间成本（间接成本）。另外，农村外出务工者很多，他们中绝大多数人长年在外，只有在春节前后才有少量的时间回家，而此时环境宣传教育人员也已放假。

4. 成本因素

除上面谈到的时间成本因素外，环境宣传教育需要相应的经费支出，如材料费、场地费、宣传教育工作人员费用等。相对于城市而言，农村的经济状况较差，有些农村乡镇是“吃饭财政”，经费比较缺乏，无论是政府还是村民，在支付经费上都存在着相对的不足。

5. 场所因素

农村经济体制改革以来，实行以家庭联产承包经营为主的统分结合的双层经营机制。绝大多数农村地区主要侧重于一家一户的分散经营。加之农村人口居住分散，缺少大家方便而又固定的用于集中学习等进行集体活动的公共场所。

6. 认识因素

对于农民环境教育，存在一些认识上的欠缺。主要是基层党委、政府对于农村环境教育的必要性、重要性、迫切性及可行性的认识不到位。认为当前的中心任务应当是经济建设，环境教育则是可有可无的，是软任务、软指标。同时由于该项工作量大、面广、复杂、见效不明显，因而存在着畏难情绪。也有的受利益驱动，对于国家的环境法律政策阳奉阴违，特别是在乡镇企业的环境污染及改造过程中，这种现象较为明显和普遍。

三、加强农村环境教育的对策措施

1. 转变教育观念

首先应转变环境教育观念。必须改变传统的教育观念，环境教育需要校内外结合，智育德育并重，知识能力共举的局面，并需要建立全新的发展观，即新自然观（由对自然的单向征服、索取、掠夺、破坏的“人类中心主义”转向追求和尊重人与自然的“和平相处”、平衡协调发展），新价值观（由纯粹的物质消耗主义，个人享乐主义转向追求人与自然，人与人，个人与社会，现代与后代的公平、合理、和谐的发展，最终实现人类长远利益的最大化、最优化），新道德观（由只重视维护人与人，人与社会的关系转向认真处理人与自然，人与其他生物的关系，进而形成尊重自然，爱惜所有生命，保护环境的生态伦理观），新科技观（由只看重发明技术、使用技术甚至被技术所控制，成为“科技奴隶”转向正确认识科学技术作用的两面性，消除科技发明与使用的负面作用，使科学精神与人文精神密切结合并协调发展）。

2. 加强环境教育立法

目前，我国并无专门的环境教育法，地方性法规、规章中也鲜有这方面的内容，环境教育缺乏确定的法律地位，没有专门机构和人员，没有确定的目标和评价标准，环境教育未引起足够的重视，操作“弹性”过大。我国环境教育立法实践空白。环境教育法方面的学术研究很少，要制定全国性的法律有一定难度。当前，要加强环境教育法制建设研究，通过系统、深入、有针对性的研究，确定我国环境教育立法的目标、宗旨及主要内容。在此基础上，可尝试在部分地区进行试点，制定环境教育的地方性法规，为全国环境教育法制建设探索路径，提供经验。

3. 提高农民环境教育重要性的认识

胡锦涛总书记指出，让人民喝上干净的水，呼吸清洁的空气，吃上放心的食物，在良好的环境中生产生活是环境保护的重要目标。环境保护工作是涉及人民群众切身利益的工作，是富国利民安天下的大事。农民的环境教育不仅是农民个人的事情，而是关系国家可持续发展战略和科学发展观能否真正坚持，全面小康社会能否真正实现，执政为民的执政观能否真正落实的大事。因此，各级党委、政府及其领导必须树立农民环境教育工作重要、必要、迫切的观点，在政策、经费等方面予以支持。

4. 编写适合农民阅读的宣传教育材料

在国际环境教育发展过程中，有许多非官方环保组织、民间环保组织甚至个人积极宣传环境保护，收到了良好效果。社会宣传教育具有教育对象广泛，宣传形式多样，能够深入农村等特点，是学校环境教育有益的必要补充。若有学校环境教育的指导和支持，两者可以紧密结合、相得益彰，收到事半功倍的效果。因此，广大农村地区应该鼓励发展民间环保组织，加强社会宣传教育，以提高环境教育的社会化参与程度。

在我国，环境科学研究者生产了大量“阳春白雪”式的理论精品，但由于农民受自身文化知识及所处环境等方面的影响，难以真正理解，使这些理论见解不能及时、准确、到位地转化成农民的心理观念。这就要求环境理论研究者要走出象牙塔，真正深入到农村与农民中，掌握农村与农民的实际情况，对农民环境保护宣传材料的编写，在内容上要从节约每一滴水、一度电、选购无公害食品到注意防止室内环境污染等农民身边的小事入手，将环境保护与农民生活中的衣、食、住、行密切联系起来，形式上努力把艰深的环境理论以深入浅出、雅俗共赏、喜闻乐见、明白易懂的形式表达出来，写出启迪广大农民并促使“文化下移”的环境科普著作，让广大农民群众熟悉和掌握，促使环境精神及研究者自身的学术研究成果深入人心。让农民形成绿色、环保的生活理念和文明的生活方式，进而吸引农民真正理解环保、接受环保、关心环保、支持环保。

5. 采取丰富多彩的形式

开展农民环境教育，关键是要结合本乡本土的具体情况，采取贴近农村和农民实情的教育形式，发挥教育的最优效果。

(1) 寓教于帮。在开展农民环境教育过程中，要坚持把环境教育与农民致富相结合，在向农民传授环保科学知识的同时，还要向农民传授农业环保实用技术，真心实意地帮助群众解决实际困难，为群众办实事、办好事，使农民真正从中获得经济利益，提高物质生活水平。还要倡导农民学会科学、文明、健康的生活方式，提高生活质量。

(2) 寓教于乐。农村文娱活动少，农民的业余生活单调，他们非常渴望和欢迎举行各种文娱活动并积极参与。为激发农民学习环境知识的兴趣，可组织排练一些蕴涵环保观念的戏曲、地方曲艺、社区节目等文娱形式，在农村传统节日、民间风俗节日、乡镇逢集及农闲时间演出，还可组织播放一些寓含环境保护的影视作品及专题片，把环境保护知识一点一滴地渗透给农民，既可丰富农民的业余文化生活，也可起到宣传教育的效果。

(3) 寓教于行。“村看村，户看户，党员看支部，群众看干部。”村干部和环境宣传教育者的言行直接影响着群众观念的形成，具有巨大的示范效应。这就要求村干部和环境宣传教育者首先要接受教育和进行自我学习教育，树立环保意识，身体力行，以自己的模范行动去影响群众，寓教于行动中。

6. 充分发挥农村学校的阵地作用

(1) 以新课程改革为契机，进一步提高中小学生的环境意识。1992 年全国第一次环境教育工作会议以来，特别是 1996 年《全国环境宣传教育行动纲要》颁布以后，广大中小学广泛开展了“绿色学校”创建活动，取得了良好的效果。从1998年和2001年两次大规模的公众环境意识调查中可以看到，少年的环境意识明显高于成人，70.3%的少年的环保知识来自于学校课堂，成为他们第一位的来源途径。本次新课程改革中提出的综合实践活动课、研究型学习、三级课程管理体制等都为学校环境教育提供了一次契机。教育部颁布的《基础教育课程改革纲要（试行）》明确提出“要使学生具有初步的环境意识”。在一些与环境教育密切相关的，如初中地理、生物、化学、物理、科学、历史与社会，小学品德与生活等科目的课程标准中都明确规定了环境教育的目标、内容和具体可行的案例。而在一些传统认为与环境教育无关或关系不大的科目（如数学课程标准）中也规定了环境教育的内容，体现了环境教育可以在任何学科实现的理念。广大中小学校应充分利用课程改革这一契机，进一步加强中小学生的环境教育，提高他们的环境意识。

（2）以“绿色学校”为基地，形成学校—家庭—社区互相联动的环境教育网络。广大中小学校通过创建“绿色学校”，以学校为基地，发挥辐射作用。将学校绿色教育活动向家庭和社会延伸，形成家庭、学校、社会三方面的环保教育网络和学生带动家庭，家庭影响社会的良好局面。

（3）充分利用乡村学校的场地及师资，解决开展农民环境教育存在的场地及师资不足的困难。

7. 构建一支合理的队伍

由于农村及农民的特殊性，仅靠某一方面的力量对他们进行环境教育是远远不够的。因此，应该充分发挥所有积极因素，利用一切可以利用的力量，构建一支强大的队伍，形成综合力量，对他们进行环境教育，才能取得实效。

（1）乡村学校教师。在农村，乡村学校教师人数众多，分布广泛，知识渊博，接受知识先天条件好。一方面，由教师对学生进行环境教育，培养他们的环境意识和知识；另一方面，教师利用寒暑假或双休日对农民进行环境教育。

（2）讲师团成员。各级讲师团的主要职责之一是宣传党的政策和国家法律，对农民进行环境教育，对他们而言应是责无旁贷。一方面，他们对乡镇干部等培训者进行培训；另一方面，他们还可组成巡回宣讲组，开展经常性的环保下乡宣教活动。

（3）驻村干部。驻村干部负有将党和国家政策法律向村民传达的重要职责，其中对农民进行环境教育也是其当然职责之一。他们是与农民的联系最为紧密，相互最为熟悉的国家公职人员，有比较便利的条件开展农民环境教育。

（4）优秀农民。在农民环境教育过程中，还应选择有文化、有杜会影响力的农村科技带头人和致富能手，聘请他们为农村环保义务宣传员。先由专家对他们进行环境保护知识培训，再通过他们结合长期积累的“乡土知识”，用当地的语言传授给广大农民。在聘请优秀农民作环境保护义务宣传员时，一定要注意吸收农村妇女成员，因为妇女环境意识的高低往往关系到一个家庭环境的好坏。

（5）大学生志愿者。志愿者服务活动作为一种社会服务活动，近年在我国普遍开展，志愿服务者以大学生居多，他们有热情，有知识与能力，也有较充裕的时间，渴望有平台锻炼自己的工作能力。因此，在农民环境教育中，应充分利用这支力量，动员那些家在农村的大中专院校学生在寒暑假期间回到家乡，开展环保下乡活动和环保科普活动。学校也应将其作为大学生社会实践活动的重要内容进行考核，记入大学生成绩档案。

（6）中小学生。人类进入文明社会以来，文化传承总是呈自上而下的单向传承模式，表现为年长一代将价值观、知识体系、谋生技能和生活方式传递给下一代。到了近代，随着科学技术的发展和社会的变化，年长一代丧失了教化的绝对权力，年轻一代却获得了前所未有的“反哺”能力。美国人类学家 M·米德（Mead）在《文化与承诺》中将其称为“后喻文化”（长辈反过来向晚辈学习）。国内学者把这种后辈反过来教育长辈的现象，称为“文化反哺”。目前，我国也进入“后喻文化”时期，在广大农村，绝大多数家庭都有正在上中小学的学生，随着家庭重心的下降，他们成为家庭的核心，并且由于祖辈父辈绝大多数在文化知识方面较为欠缺，由上中小学校的孩子对长辈在知识上进行“反哺”，显得既有可能也很必要。中小学生向他们的父母及祖父母传授农村环保科普知识和技术，会起到事半功倍的作用。在农村环境教育过程中，可以通过开展“小手牵大手”，“考爸爸，问妈妈，让爷爷奶奶都知道”等活动，达到“教育一代人（青少年），带动两代人（指祖辈、父辈）”的目标。

8. 注重地区间以及国际间环境教育的合作与交流

国际合作和交流是国际环境教育在短期内获得认同和发展的主要原因之一。通过不同区域尺度环境教育的交流，能够学习丰富的先进经验，进而促进落后地区环境教育的发展。通过不同区域尺度环境教育的合作，能够完成跨地区性质的环境教育课题，以便于环境教育的广泛深入开展。因此，广大农村应该加强地区间和国际间环境教育的合作与交流，使农村环境教育的发展能够赶上时代发展和国际环境教育发展的步伐。

第八章 信息时代中国农村教育发展策略

当代科学技术，特别是信息技术的迅速发展，正在轰轰烈烈地改变着世界的一切，使几百年、几千年来逐渐形成的教育制度面临严重的挑战。面对史无前例的信息技术革命，传统教育制度的深刻变革已成为历史的必然。

一、信息时代教育的内涵

随着信息技术的发展及其在教育中的应用，教育将从内容、形式、方法和组织等方面发生根本性的变革。这种变革不是一蹴而就的，需要经历许多中间过程。人们开始是将计算机看做一种独特的对象，和物理、化学一样，专门开设一门计算机课程；然后是要求计算机能辅助学校的传统教学，作教学演示或个别化教学；再后来是要求进行以计算机为基础的课程改革，这种课程明显有别于以书本、粉笔和黑板以及幻灯、投影、电视和录像等传统教学媒体为基础的课程；最后是要求整个教学体系的全面改革，使教学目标、内容、方法和形式甚至连学校结构都发生根本性的变化。从这一演进历程中，我们可以看出计算机与教育的整合程度越来越深，对教育的影响越来越大。

在飞速发展的信息时代，信息日益成为社会各领域中最活跃、最具有决定意义的因素。开展信息教育，培养学习者的信息意识和信息能力已成为当前教育改革的必然趋势。

信息教育，广义地说信息教育是为了培养社会成员的“信息处理能力”

而开展的教育活动。狭义地讲，信息教育就是培养学生“信息处理能力”的教育活动。“信息处理能力”是指学习者在信息化社会活动中有选择地利用信息工具（手段），有效地获取信息、运用信息、创新信息的基本能力。信息教育的内容包括信息技术、信息运用、信息伦理等。

信息教育的开展有利于学习者主动学习的实现，有利于素质教育的实施。在传统教育模式中，教师不仅是教学的组织者，也是学习信息的传播者，而学习者只能被动地作为信宿接受学习信息。通过信息教育的开展，学习者可以利用信息工具（手段）主动地获得相关的学习信息，使学习者在学习过程中不仅掌握了知识技能，更重要的是学会了学习的方法。所以有利于以培养学生创新精神、创造能力为核心的素质教育的实施。

二、信息时代对教育的要求

（一）普及高水平、连续性的基础教育

因为人们主要从事信息知识工作，这种工作的知识密集度高，要求人们具有较渊博的基础知识。因此，必须普及高水平、连续性的基础教育。

1. 有计划有步骤地轮训全体教师

中小学信息技术的迅速发展，对教师提出了更高的要求，要求教师必须具有运用现代教育技术的能力，具有信息技术环境下进行教学和科研的能力。为此，在积极配备、充实信息技术教育所需设备及配套软件的同时，必须有计划有步骤地轮训全体教师，逐步形成完善的培训体系。在培训内容方面，不仅包括信息技术本身，更应注重信息技术在各学科教学中的应用，以改变信息技术培训与应用相分离的状况，消除信息技术难以深入课堂、深入学科的现象。

2. 在中小学开设信息理论与信息技术基础课

“中小学是实现教育信息化的基础，计算机教育是教育信息化实现的根本。”教育信息化工程应切实重视在中小学教师与学生中普及信息意识、信息基础理论，让学生了解和掌握信息技术的基本知识和技能，培养学生收

集、处理和应用信息的能力以及利用计算机进行自主学习、探讨的能力。目前，为了适应信息化时代的要求，提高公民素质，培养信息人才，美国、英国、法国、新加坡和我国的台湾、香港都纷纷将计算机为主的信息科学列为幼儿园、小学、中学的主要课程。我国也明文规定：从2001年起在中小学开设信息技术必修课和实施“校校通”工程，用5—10年的时间在中小学普及信息技术教育。目前，有相当一部分中小学已经开设了信息技术必修课。

3. 充分鼓励中小学学生参加本校的教育信息化建设

中小学学生不应仅仅只享受信息化的环境，还应在学校教师的组织下参加学校信息化建设，培养中小学生的劳动意识、集体精神、信息理论、信息技术、活动技能等。

（1）组织学生参与校园网网页的制作，特别是校园网上软件资料中心的开发与利用，既可培养学生的信息开发能力，又丰富了校园网上的资源。

（2）组织学生参与学校广播与电视节目的采集、编导、录制、播出、评价、反馈与改进过程。

（3）组织学生开展信息化讨论、策划信息化宣传、撰写信息化文章，既可普及信息理论，又可锻炼学生的能力。

4. 信息技术基础教育应与指导学生进行有效学习相结合

开展信息技术基础教育，不但可以培养学生学习和应用信息技术的兴趣与意识，培养学生获取信息、分析信息和处理信息的能力，提高学生的动手能力、思维想象能力和创新能力，提高学生适应未来社会竞争和发展的能力，而且能使之成为学生未来学习的有效工具，从而提高学习效率，实现教育信息化。

（二）举办短学制、多形式、多学科、多专业的综合科技教育

为了适应信息社会高速发展的需要，加速人才培养，要缩短学制。由于人们的工作性质是多种多样的，因此要举办多种形式的教育，如面授、函授、电大等来适应人们的需求。现代教育教学可以以多种形式呈现教学信息，特别是多媒体教学系统、网络教学系统，为教与学增加了新的维度和方

向，形成了多通道、全方位、整体化的教学信息加工传输模式，有利于教学效益的提高和创造性思维能力的培养。

由于信息社会知识密集型生产中科技高度分化而又高度综合的特点，需要培养知识广博，能适应新兴科技和工业发展的人才，使之能从事综合性技术生产和新兴交叉学科的研究。

(三) 开展广泛的信息素质教育

为了适应信息社会知识爆炸、学不胜学的情况，教育必须培养学习能力，使学生能自己管理学习，不断学习新的科学技术；同时，还要培养学生解决实际问题的能力以及创造性。

教育信息化的目的是要为全面推进素质教育服务，为提高整体教育质量，提高全民族创新能力，促进科研工作服务，逐步建立一个适应21世纪经济社会发展和现代化建设需要的新型教育体系和人才培养模式。这种新模式的特征是：在培养目标上，要求全面发展，具有高度创新能力和使用信息化手段的能力；在培养内容上，主要侧重在使学生掌握学习方法，使每一个受教育者都具有自我获取知识和更新知识的能力；在培养方法上，要采取灵活多样，不受时间、空间限制的方式，能适应各种学科并能满足终身教育、全民教育的需求。

(四) 必须实施完善的终身教育体系

信息时代知识的爆炸和科技的日新月异，对人才的需求提出了更高的要求，一般应用型人才，如书架型人才、工匠型人才难以适应时代的发展，而素质全面，接受继续教育能力强，智能型、创造型人才在时代的激烈竞争中愈来愈表现出充分的活力，这也就对信息时代的教育提出了更高的要求。现代教育要求“信息化、多媒化、多元化”的三化教育，也是“高效率、高效益、高质量”的三高教育。它能帮助人以较小的代价获得较大的收获，用较少的时间和精力获得较多的教育和学习效果。在信息社会中，只具有专门的技术知识是远远不够的，信息社会变化速度快，对信息社会的适应性能力的高低决定了人才水平的高低。在获取专业知识的同时，掌握一定的信息知识、信息能力，具备了一定的信息意识、信息观念，可以促进人的个性的全面发展。信息社会，要求人必须具有利用多媒体计算机和网络技术进行学习和工作的能力，具有信息获取和存储、处理的能力，具有利用多媒体计算机和网络技术进行信息交互的能力。现代教育的发展方向之一是终身教育，信息教育在人的每个发展阶段都是必不可少的，从小学、中学到大学，到在职教育都离不开它，只有通过系统、完整的信息教育，社会成员才能更好地适应社会的发展，促进社会的进步。

（五）教育本身要信息技术化

与信息社会相适应，教育本身也要信息技术化，这包括教育多媒体化、网络化、智能化和虚拟化。

从信息论的观点来看，学校教育信息化的本质就是要运用现代教育思想、理论和现代信息技术把学校的教学环境建设成为一种充满信息，而且方便教育者和学习者获取信息的环境。教育现代化就要建立适应现代社会经济、科技发展需要，以培养创新人才为目标的新型教育体系。教育信息化是教育现代化的前提和必经之路。

教育信息化的一个特别重要的环节就是教学过程信息化，要切实重视运用信息化的教育环境与成果并结合现代教育教学理论改革传统的教学模式，构建培养学生素质与能力的新型教学模式与教学过程。

三、信息技术对教育的影响

（一）促进教育改革

随着信息社会的不断发展，传统教育愈来愈不能适应社会的发展要求。信息社会对教育的要求以及信息技术对教育的影响均促使传统教育发生彻底变革，这种变革的当务之急是改革教育的结构、内容和方式。首先要破除传统的教育思想，树立现代化的教育思想和观念。

1. 树立现代教育思想

现代教育思想主要包括现代教育观、现代教学观、现代学生观、现代教材观、现代学校观以及现代人才观。传统教学，过分强调教师的主导作用和书本知识的传授，而忽视了学生的主体作用和能力的培养，认为教学的功能只有一个就是传授书本知识；现代教学观则认为教学具有多方面的功能，它既要传授知识，又要发展多种能力，如学习能力、信息能力，还要培养品德。只有建立现代化的教育思想和观念，才能实现全面的教育改革。

2. 改革教育目标和内容

21 世纪教育的目标是培养全面发展，具有高度创新能力和使用信息化手段获取知识和更新知识的能力的高素质人才。为了实现新的教育目标，教育内容也必须作出相应的改革。其总的趋势是增加教材的难度，重视基本理论，强调知识内在的联系，要按照高难度、高速度和理论化原则重新编写教材，在课程设计上注重学科结构合理，教学内容少而精，着重使学生掌握一般的基本原理以发展学生的认知能力。制定教学大纲要着眼于能力特别是思维能力、创造能力的培养，而不是现成知识的传授和一般技术的培训，教育内容还要与生产实践相结合，着力培养学生解决实际问题的能力。

3. 改革教育形式和方法

信息化教育不再仅限于传统的“班级授课制”这种单一的教学组织形式，而是传统教育、个别化教育、远程教育等相结合，多种办学形式并存，不同类型和层次的学校并存，多种功能的教育相融合，重在个别化教育和创新性自主学习，使受教育者具有极大的自由选择余地和发展空间。信息时代的教育不仅要抓基础教育，而且要改革中等教育结构，积极发展职业技术教育，还要改革高等教育结构，发展远距离教育、成人教育以及继续教育，融学校教育、社会教育于一体。教学方法的改革，应在传统教学的基础上，逐步采用多种多样的教学方法进行教改实验，把这些单一、落后的手段改变成多样化的现代化教育技术手段，使其更适应社会发展的要求，体现信息时代的特征。

4. 构建新型教学模式

教学模式是指在一定的教育思想、教学和学习理论的指导下，在某种教学环境和资源的支持下，在教与学活动中，各要素之间稳定的关系和活动过程的结构形式。信息技术的运用对传统教学提出了挑战，对教师的角色，学生的地位，媒体的作用以及教学过程进行变革，从而构建能适应信息时代的新型教学模式。

(二) 多媒体技术广泛应用

随着信息技术的发展以及信息高速公路的形成，多媒体技术将广泛应用，教师不仅可以根据教学需要，自己制作多媒体课件，而且可以非常方便地从软件数据库中选择并提取相关的文字、声音、图片、图像等各种媒体信息，加以组合安排，供辅助课堂或学生自学使用。这样，多媒体技术就成为人们进行有效学习的得力工具。

1. 多媒体提供了多样化的学习方式

(1) 个别化主动式学习。多媒体鼓励以学习者为中心的学习模式，学习者可根据自己的兴趣、爱好、知识经验、任务需求和学习风格来使用信息，选择自己的认知环境。信息技术的发展为这种自主的个别化学习方式提供了物质条件和技术保证，作为用户、学校和学习者个人，只要拥有多媒体终端机，就可以从公用网络的资源数据库中，非常方便地获取所需的各种学习资源，使个别化的学习方式得以真正确立。

(2) 结构化发现式学习。多媒体营造出了由学生控制的发现式环境，这种发现式环境允许学生在特定的内容领域进行探索和检验假设，它主要以认知心理学理论为基础，发展学生的高级思维，提高学生解决问题的技能。教师使用信息技术帮助学生学会组织、解释和运用材料，信息技术的这些运用将有助于学习者获取信息社会所需的问题解决技能。

2. 多媒体技术使继续教育和技术培训更加方便有效

当代信息社会，知识更新急剧加快，人们不能不置身于不断的学习之中，继续教育已成为时代的需求。这种继续教育不仅有助于各种职业技能培训，更重要的还在于满足技术更新、技术进步所要求的职业素质教育。不管是哪种情况，都不可能完全通过办校、办班来解决（尽管这是一条非常重要的途径)，大量的应要依靠在职自学或远距离教育来补充和提高。而后一种途径，正好可发挥信息技术与信息高速公路的优势，使学习者不仅可通过多媒体终端机，不断补充与更新自己的知识，还可以通过电信大学和模拟训练，来获取某方面的系统知识，强化与提高某种技能，从而使继续教育和技术培训更加方便和有效。

(三) 网络教学日益发展

随着网络技术、通信技术的快速发展，互联网络在我国日益普及，人们在尝试网络通信的同时，也想到把互联网技术应用于教育实践，出现了网络教学模式。这种教学模式的特点主要有：开放性，协作性，交互性，共享性，实时性，个别化。

由于网络教学的上述特点，为信息时代的教育提供了极大的支持。

1. 培养学生的信息能力

网络是信息社会最为有效的信息获取工具，开展网络教学，有利于培养学生利用网络进行信息的获取、分析、加工的能力，从而有利于学生信息能力的培养。

2. 有利于教学活动的实施

网络具有信息量大，信息传递便捷，交互性强的特点，有利于开展发现式和协同式教学，培养学生发现问题、提出问题和解决问题的能力，从而有利于学生创造能力的培养。在网络教学中，教师可以随时掌握新资料，汲取新知识，利用新教材，从而有效地完成教学任务。解决教学内容滞后于时代发展的矛盾。

3. 提高教学质量

网络庞大的信息资源、优越的多媒体功能和多向交互功能为教学提供了用之不竭的多种媒体信息，学校不需要再用大量经费和人力建设管理自己的媒体资料库，真正实现了资源共享。这样，每个人不管贫富、贵贱都有机会享受“名师”的指导，都可以向世界上最权威的专家“当面”请教，都可以借阅世界上著名图书馆藏书，甚至拷贝下来，都可以从世界上的任何角落获取最新的信息和资料。

4. 有效实施全民教育和终身教育

开展网络远距离教育，是信息时代最为有效的全民教育和终身教育方式。随着信息技术的发展以及信息高速公路的形成，远距离教育将具有双向传输的交互性能。学习者不仅在课堂看或听远距离传输过来的教学内容，而且也可在家里看到课堂的景象，听到教师的讲授，或者看（听）自己所需要的任何一门课程的声像材料，并能与教师进行“面对面”的交流。由于是基于信息高速公路的多媒体教育网络，所有这些都可以在瞬间完成，需要的教师、专家、资料和信息，都是远在天边，近在眼前。世界上的每一个公民，不管其家庭出身、地位、财富如何，都可以享受到这种最高质量的教育，这是真正意义上的全民教育。

5. 教学科研更加富于成效

随着信息技术的发展以及信息高速公路的形成，信息技术也使得教学科研更加富于成效。这表现在以下几方面：

（1）文献检索更加方便。教师坐在家里就可向国内外查询与收集所需的研究资料，不必再耗费大量的时间和精力。

（2）推广和交流成果效率更高。不仅可广泛而迅速地推广与交流优秀教师的教学经验和研究成果，而且能科学地对研究项目进行辅助设计与模拟，对研究数据进行统计、计算与整理，准确地对研究结果进行判断和分析，从而使研究周期大为缩短，研究成果的科学性大大增强。

总之，信息技术为当代教育理论提供了许多实现的途径，给当代教育带来了翻天覆地的变化，但与此同时，我们不应完全否定传统课堂教学的长处，学校应充分发挥其特有的人文和情感氛围，注重教学的优化设计，寻求课堂教学的最佳结合点，优质高效地培养能够适应时代要求，适合21世纪需要的新型人才。

四、农村教育信息化发展策略

教育部于1998年12月24日发布的《面向21世纪教育振兴行动计划》指出："在即将到来的21世纪，以高新技术为核心的知识经济将占主导地位，国家的综合国力和国际竞争能力将越来越取决于教育发展、科学技术和知识创新的水平，教育将始终处于优先发展的战略地位，现代信息技术在教育中广泛应用并导致教育系统发生深刻的变化。"积极应对教育系统即将发生的深刻变化，农村教育信息化的发展便突出地显示出其重要的战略地位。

（一）农村教育的战略地位

2004年2月10日，教育部又公布了《2003－2007教育振兴行动计划》，再一次指明了农村教育的战略地位。"全面贯彻《国务院关于进一步加强农村教育工作的决定》（国发［2003］19号），坚持把农村教育摆在重中之重的地位，加快农村教育发展，深化农村教育改革，促进农村经济社会发展和城乡协调发展。"该计划还明确提出了振兴农村教育的方针：（1）努力提高普及九年义务教育的水平和质量，为2010年全面普及九年义务教育和全面提高义务教育质量打好基础；（2）深化农村教育改革，发展农村职业教育和成人教育，推进"三教统筹"和"农科教结合"；（3）落实"以县为主"的农村义务教育管理体制，加大投入，完善保障机制；（4）建立和健全助学制度，扶持农村家庭经济困难学生接受义务教育；（5）加快推进农村中小学教师队伍建设；（6）实施"农村中小学现代远程教育计划"。从教育部制定的方针可以发现，农村教育信息化是当前农村教育发展的重要任务。毕竟，振兴农村教育信息化既是时代的要求，又是民族振兴的要求，更是国家发展的要求。

第一，城市和农村不应该存在"信息鸿沟"。自从1946年电子计算机问世，从奈斯比特（John Naisbitt）在《大趋势》中指出美国社会进入信息时代，从20世纪80年代因特网诞生，尤其是从1993年美国副总统戈尔（AL Gore）提出NII（National Information Infrastructure）计划，即国家信息基础设施计划以后，现代信息技术就以迅雷不及掩耳之势扑向世界各个国家，奔向地球的每一个角落，网络成为人们眼球触及的热点。由于农村经济比较落后，文化比较传统，地理位置处于边缘，致使农村的信息技术建设十分不完善。然而，信息时代已经挺进在历史舞台上了。“历史潮流，浩浩荡荡，顺之则昌，逆之则亡。”不加快农村信息化步伐，“信息鸿沟”会愈益加宽、变深，更会无法填补。所以，时代呼唤农村的信息化，也呼唤农村教育信息化。因此，农村教育是农村经济社会发展的根本。

第二，民族振兴不容许农民落后。我国是农业大国，农村人口占国民人口的绝大多数（中国内地农村人口占全国总人口的 65%①）。农民素质是国民素质的真实写照。因此，民族振兴要求农村教育的超速发展。超速发展也好，跨越式发展也好，都迫切要求加快农村教育信息化进程。农村教育信息化工程以其开放的特性和优质教育资源共享的功能大大有助于农民素质（成人农民素质和农村的未成年人素质）的迅速提高，从而促进中华民族的伟大振兴。

第三，农村的健康、快速发展是国家发展的“推进器”。尽管历史进入了信息时代，国家发展也不能完全依赖于第一产业和第三产业的发展，还需要高度重视农业的发展。虽然我们处于知识经济时代，国家的发展仍然要重视城市与农村的均衡发展，重视政治、经济、文化、科技和教育的协调发展。所以，农村的发展仍然是国家发展所不可忽视，也是不容忽视的。而农村的发展又不仅仅是经济的发展，而是经济、文化、教育和社会协调一致的发展。这样，农村的发展就离不开农村教育信息化。经济、文化、教育和社会的协调、均衡从根本上取决于农村的人力资源。而人力资源的开发又是农村教育信息化的宗旨所在，农村教育信息化的宗旨在于农村经济与社会的健康、快速发展。

① 冯建华．教育：公平性成为教育改革的关键词［N］．北京周报，2007－02－04．

（二）农村教育信息化发展策略

农村教育的战略地位是举足轻重的，然而，存在的问题又是束缚农村教育发展的困难。如何克服困难、解决问题以促使农村教育健康、快速地发展呢？基本原则就是把握社会的需求与可能以及人的需求与可能的契合。一方面，明确社会的需求——农村教育需要实现跨越式发展，农村人口素质亟需提升；清楚社会提供的可能，国家有信心、有能力改变农村教育落后的现状。另一方面，明确人的需求。人不仅有物质需求，也有精神需求；人不仅有生存需求，也有享受需求，更有发展需求；清楚人所提供的可能。学习是人的本能，人有巨大的塑造潜力。在此基础上，发展农村教育信息化可以采取“自上而下”与“自下而上”并行实施的策略。也就是说，农村教育信息化发展要从3个层次，即宏观层次、中观层次、微观层次入手，既注重各个层次的研究和发展，也关注均衡、协调这3个层次之间的关系，从而，由点到面，在广度和深度上，实现农村教育信息化的跨越式发展。

在宏观层次上应明确以下几点：

第一，坚持“三个面向”，科学定位。(1) 农村教育信息化问题首先是一个现代化的问题。在当代，实现现代化一定要与信息化建设相得益彰。面向现代化，指明了农村教育信息化的发展方向。(2) 农村教育信息化问题不仅是一个历史问题，也是一个现实问题，更是一个未来问题，因此，发展农村教育信息化必须立足现实，面向未来；(3) 面向世界，是全球化时代的必然要求。农村教育信息化也应随时代而进步，也要走向世界，积极应对全球化的挑战，抓住全球化带来的难得机遇。与国际接轨，应加速农村教育信息化。

第二，“三个代表”是党和国家前进的指南，也是发展农村教育信息化的指南。发展农村教育信息化必须着眼于先进文化，弘扬中华民族的优良传统和优秀文化，用先进的文化熏陶全体成年一代和未成年一代；发展农村教育信息化还须着眼于最广大农村人口的根本利益。农村的贫困，根本原因不在于经济，而在于人口素质不能满足农村发展的需要。要从“利益”的角度着想，就必须为广大农村人口创造尽可能多的受教育机会和优质的教育资源。这正是农村教育信息化期望实现的。

第三，“跨越”是信息时代发展中国家和地区的机遇。农村教育信息化必须抓住历史契机，把握跨越，为实现跨越而不懈努力。农村教育信息化所以要实现跨越式发展，是因为中国处于社会主义初级阶段。当信息技术大潮澎湃地涌来的时候，中国还在实现工业化的进程之中，必须要工业化和信息化同时发展。在此背景下，总体上落后于城市教育，落后于国家教育平均水平的农村教育就需要采取跨越式发展的策略，才有可能与整个教育系统保持协调发展，才有可能在信息化进程中发挥出我国巨大的人口优势。

在中观层次上应注意以下几个方面：

第一，要集思广益，开阔思路，多方筹措农村教育信息化发展经费。农村教育经费短缺是制约农村教育发展的一个重要因素，也是影响农村教育信息化发展的重要因素。但是，解决经费不足并不是无计可施。一方面，要充分高效地利用国家和地方财政的教育投入，把财政经费用足、用好。另一方面，要敢于创新，多方吸引教育信息化投资。例如，可以积极吸收国外大的电脑公司、网络公司的资金、设备，也可以充分吸引“希望工程”基金。在这方面，可以借鉴长城远程教育集团的做法，实施加盟连锁的模式，既节约了教育经费的开销，也获得了良好的教育资源。此外，筹措教育信息化发展经费还不能忽略教师和家长的力量。尽管他们的力量可能很薄弱，但是他们毕竟是教育资源的有机成分。

第二，要大胆调整农村教育结构。事实上，农村教育结构不合理现象是非常普遍的。如何调整才能使之趋于合理呢？至少，布局结构不能简单确定。如果简单地按照平面距离（如2.5千米范围内）设置中、小学校，是难以满足诸如山区等的农村人口的受教育需求的。另外，对于学生发展的机会结构也需要给予高度重视。因此，调整农村教育结构必须从社会的需求与可能以及人的需求与可能的综合考虑出发，征求多方面意见，为尽可能多的学生提供继续受教育的机会，尽可能满足大多数人的利益。

第三，要重视教师队伍建设。一方面，可以采取山西省的办法，实施教师轮换制度，这也是《2003—2007教育振兴行动计划》支持的。积极引导和鼓励教师及其他具备教师资格的人员到乡村中小学任教，建立城镇中小学教师到乡村任教服务期制度。另一方面，继续利用“跨世纪园丁工程”推动教师培训，运用“传、帮、带”等模式，促进教师队伍整体素质的提高；再者，还需要完善制度建设，积极推进教师聘任制、教师资格制度和校长聘任制度，奖优罚劣，推行优劳优得。

第四，要整合农村教育资源。一方面，要树立系统观、整体观，将教育融入到社会大系统中发展。在兼顾社会各个子系统之间的作用与反作用的基础上，为充分发挥教育的社会功能创造条件。另一方面，要整合教育系统的内部资源。既要整合物质资源、精神资源和制度资源，也要整合显性资源和隐性资源；既要整合教育行政部门、各种教育机构、普通学校的资源，也要整合各级各类教育，包括基础教育、职业技术教育、教师教育等方面的资源；还要整合农村教育信息化为教育教学服务和为农村经济社会发展服务等的功能。整合有利于资源的组合，有利于资源的合理配置，有利于资源的使用效率，最终，有利于解决农村教育资源的匮乏。

在微观层次上，观念先行是农村教育信息化的可靠保证。观念的树立、形成能够有力地促进教学方式、学习方式的变革，也能够加速信息化教育的有效模式的建立。什么观念先行呢？就是基于教育信息化的教学改革观念。

第一，教师整合信息技术于课程、课堂教学之中而促进教学方式发生转变的观念。教学方式的转变是农村信息化发展的必然结果，也是必经之路。教学方式的转变是建立在信息技术与课程、课堂教学相整合的基础之上，因此，整合信息技术与课程、课堂教学显得尤为重要。既要创造有利于学生掌握信息技术知识的条件，也要关心学生信息技术实践能力的培养；既要整合信息技术知识和能力，注重学生信息素养的形成和发展，也要整合信息技术与其他各门学科；要预防纯粹技术取向和纯粹理论取向；整合不仅可以通过网络教室的建设，也可以通过电视、投影仪等信息技术设备的辅助，还可以利用因特网、校园网的连接来实现。

第二，促进学生学会学习，树立自主学习、合作学习、交互学习、基于资源的学习等新的学习方式的观念。这些观念是时代的呼唤，是基于网络学习的特征。教育信息化必然伴随网络教育的发展和网络学习的生长，所以，自主学习等观念的形成是农村教育信息化在微观层次的重要发展策略。

(1) 自主学习是借助于学习支持系统独立进行的学习。自主学习包括自我规划、自我组织、自我评价。自主学习是个性化的——针对自我需要进行自我选择的学习，自主学习还是需要取向的学习，表现为“学习即生活，生活即学习”。

(2) 合作学习指学生与同学之间的合作、与教师之间的合作、与专家或(和) 学者之间的合作。在合作学习中，学生和教师都是学习活动的主动参与者。合作的目的在于学习与探究，尤其是合作学习对于探究的价值尤为突出。探究是寻求对自然的理解、对社会的理解、对自我的理解；探究是为了(3个) 世界（自然、社会、自我）的意义的获得。合作学习有利于意义的建构。“同伴之间开展合作的研究指出，当一些观点被提出时，同伴之间就存在了一种需要——主动建构和组织这些观点的需要。同伴之间的互动对于态度的转变及其内化是重要的。在这个过程中，信息即被每个个体也被群体所处理、斟酌、重组和构建。”

(3) 学习是需要支持的，尤其是教师的支持。教师的支持主要表现为师生之间通过教育媒介的交互——交流、互动——交互学习的根本。交互是多元组合的：同学之间的，学生与教师之间的，学生与专家和学者之间的，学生与课程之间的，学生与其他教育资源之间的，学生与教育媒介之间的交互，一对一的，一对多的，多对一的，多对多的。交互也是多方面的：课程(教学) 内容方面的，课程（教学）设计方面的，学习支持系统方面的，学习结果方面的（认知的、行为的、态度的），学习内容方面的，管理方面的，学习方面的，生活方面的，工作方面的。交互也是多种形式的：通过声音进行的，通过图像（画像）进行的，以“写”的方式进行的，以“说”的方式进行的，交互要求快速反馈，交互鼓励不同观点和数据等信息的展示。因为，展示有助于形成学生认知或情感的冲突，有助于合作，有助于建构。

（4）教育信息化以其可共享的丰富的学习资源为学生基于资源的学习创造了条件。“基于资源的学习是指在大众教育情境下，通过特殊设计的学习资源和交互性的媒介与技术的联合体，来促进以学生为中心的学习的一套整合了的策略。”

第三，兼顾网络教育与传统学校教育的优势，整合网络教育与传统教育的观念。网络教育有着传统学校教育难以实现的优势。例如，网络教育的非限定性——空间上涵盖了全球而打破了物理空间的限制、时间上的全天候而没有了开放与关闭的时间限制，网络教育的开放性，网络教育内容的流动性和更新的便捷、及时性，网络教育资源的丰富和共享性，等等。而传统学校教育经历了几千年的演变积累了丰富的经验，也富有了“人性”。但是，社会的进步不需要固执一端，所以，农村教育信息化应该整合网络教育与传统学校教育，兼容并包，平衡地处理网络教育与传统学校教育之间的关系，以促进农村人口素质的全面、快速、持续的发展、提高。

农村教育信息化是时代的呼唤，是当代人的历史责任。发展农村教育信息化应以建构社会的需求与可能及人的需求与可能的契合为出发点和归宿，坚持缩小城乡差距——城乡知识差距、城乡文化差距、城乡资源差距和城乡环境差距，坚持扫平“信息鸿沟”，致力于缩小城乡信息资源差距和网络建设差距，立足于教学方式、学习方式的创新，切实执行《2003－2007年教育振兴行动计划》设计的“农村中小学现代远程教育计划”，服务于农村人口素质全面、迅速、持续的提高。

参 考 文 献

［1］中国21世纪议程管理中心可持续发展战略研究组．全球化与中国“三农”［M］．北京：社会科学文献出版社，2005.

［2］张晓山，赵江涛，钱良举主编．全球化与新农村建设［M］．北京：社会科学文献出版社，2007.

［3］陈吉元，彭建强，周文斌．21世纪中国农业与农村经济［M］．郑州：河南人民出版社，2000.

［4］程伟．经济全球化与经济转轨互动研究［M］．北京：商务印书馆，2005.

［5］中国社会科学院中国博士后科学基金会主编．全球化下的中国经济［M］．北京：社会科学文献出版社，2005.

［6］宁金彪．经济全球化与中国对策探讨［M］．石家庄：河北人民出版社，2002.

［7］何维达，谢湲，何昌．WTO与中国产业升级［M］．北京：中国审计出版社，2000.

［8］朱乃新．经济全球化与中国地方经济［M］．北京：社会科学文献出版社，2005.

［9］徐元旦．全球化热点问题聚焦［M］．上海：学林出版社，2001.

［10］张幼文，伍贻康．新棋局参与全球经济的中国［M］．上海：上海远东出版社，2003.

［11］樊杰主编．经济全球化与区域发展［M］．北京：人民教育出版

社，2002.

［12］杨达源，姜彤主编. 全球变化与区域响应［M］. 北京：化学工业出版社，2005.

［13］葛志华. WTO与中国当代农民［M］. 江苏：江苏人民出版社，2001.

［14］于伟. 我国欠发达地区农村职业教育问题研究［M］. 长春：东北师范大学出版社，2007.

［15］洪俊主编. 吉林省农村教育问题与对策研究［M］. 长春：吉林人民出版，2003.

［16］刘江. 21世纪初中国农业发展战略［M］. 北京：中国农业出版社，2000.

［17］姚士谋，汤茂林，陈爽，等. 区域与城市发展论［M］. 合肥：中国科学技术大学出版社，2004.

［18］毛汉英. 区域可持续发展机理与调控（收录于：陆大道主编. 地理学发展与创新.）［M］. 北京：科学出版社，1999.

［19］吴季松. 21世纪社会的新趋势知识经济［M］. 北京：北京科学技术出版社，1998.

［20］姜春云. 中国农业实践与发展研究［M］. 北京：中国农业出版社，2001.

［21］赖德胜. 教育与收入分配［M］. 北京：北京师范大学出版社，2001.

［22］林燕平. 中国地区国民收入分配研究［M］. 北京：北京大学出版社，2000.

［23］延军平. 跨世纪全球环境问题及行为对策［M］. 北京：科学出版社，1999.

［24］张东辉. 发展经济学与中国经济发展［M］. 济南：山东人民出版社，1999.

［25］戴星翼．走向绿色的发展［M］．上海：复旦大学出版社，1998.

［26］张汉林．经济全球化、世界组织与中国［M］．北京：北京大学出版社，2000.

［27］王伟．中国可持续发展战略比较研究［M］．北京：商务印书馆，2000.

［28］刘斌．中国三农问题报告［M］．北京：中国发展出版社，2005.

［29］刘青松．农村环境保护［M］．北京：中国环境保护出版社，2003.

［30］张锦华，吴方卫．中国农村教育贫困对社会经济和地区发展的影响及对策［J］．农业现代化研究，2005（5）.

［31］李锦生．当前我国农业产业结构调整的思路［J］．现代经济探讨，2004（3）.

［32］曹艳．"三农"问题新解：以新型工业化统筹城乡经济发展［J］．经济体制改革，2005（4）.

［33］蒋作斌．21世纪初我国中部地区农村职业教育发展理论和模式的研究与实验［J］．中国职业技术教育，2005（总212）.

［34］屠景乘．21世纪农村职业教育的办学观［J］．河南职技师院学报（职业教育版），2001（2）.

［35］陈叶兰．WTO对中国农业环境资源的影响及对策［J］．湖南农业大学学报（社会科学版），2004（1）.

［36］陈家骥，陈小权．中国农业生态与环境［J］．农业经济，1998（1）.

［37］陆文聪，郭小钗．农业贸易自由化对我国环境的影响及对策［J］．农业经济导刊，2002（5）.

［38］石士钧，翟惠蓉．绿化关税：简析环境因素对我国关税结构的作用［J］．对外经济贸易大学学报，2001（3）.

［39］杨飞龙．绿色壁垒与我国对外贸易的可持续发展［J］．外贸经济、国际贸易，2002（7）.

[40] 王跃生. 制度因素与中国农业的环境生态问题 [J]. 农业经济，1998 (5).

[41] 陈祥升. WTO与我国农业结构调整 [J]. 商业研究，2003 (2).

[42] 丁沧海. WTO与我国农业结构结构调整的战略思考 [J]. 农业技术经济，2023 (3).

[43] 杨灵康，袁桂秋. 保护我国农村环境的经济学分析 [J]. 浙江统计，2005 (4).

[44] 邹小蓉，蓝光喜. 城市化：统筹城乡经济协调发展的根本出路 [J]. 江西行政学院学报，2005 (3).

[45] 朱诗柱. 城乡发展失衡的根源与出路 [J]. 理论参考，2005 (4).

[46] 张乐天. 城乡教育差别的制度归因与缩小差别的政策建议 [J]. 南京师大学报（社会科学版），2004 (3).

[47] 范艳玲. 城乡教育均衡发展探析 [J]. 继续教育研究，2006 (5).

[48] 李波. 城乡经济协调发展中的教育均衡问题 [J]. 齐鲁学刊，2005 (4).

[49] 谢小蓉. 城乡统筹：农村人力资源开发的途径 [J]. 农村经济与科技，2004 (8).

[50] 高珊，徐元明，徐志明. 城乡统筹的评估体系探讨 [J]. 农业现代化研究，2006 (4).

[51] 曾磊，雷军，鲁奇. 我国城乡关联度评价指标体系构建及区域比较分析 [J]. 地理研究，2002 (6).

[52] 杨万江，朱允卫. 全面建设农村小康社会的评价指标体系研究 [J]. 农业技术经济，2004 (2).

[53] 李岳云，陈勇，孙林. 城乡统筹及其评价方法 [J]. 农业技术经济，2004 (1).

[54] 国家发改委宏观经济研究院课题组. 全面建设小康社会的目标和任务 [J]. 经济研究参考，2004 (29).

[55] 刘奇，王飞. 论统筹城乡经济社会发展 [J]. 中国农村经济，2003 (9).

[56] 叶兴庆. 关于促进城乡协调发展的几点思考 [J]. 农业经济问题，2004 (1).

[57] 姜作培. 城乡统筹发展的路径和措施选择 [J]. 求实，2004 (1).

[58] 陈鸿彬. 城乡统筹发展定量评价指标体系的构建 [J]. 地域研究与开发，2007 (2).

[59] 姜作培. 城乡统筹发展的科学内涵与实践要求 [J]. 经济问题，2004 (6).

[60] 吴永生. 区域性城乡统筹的空间特征及其形成机制 [J]. 经济地理，2006 (5).

[61] 程玉松. 统筹城乡发展在江苏省的初步实践 [J]. 中国农村经济，2004 (12).

[62] 赵英丽. 城乡统筹规划的理论基础与内容分析 [J]. 城市规划学刊，2006 (1).

[63] 石忆邵. 城乡一体化理论与实践：回眸与评析 [J]. 城市规划汇刊，2003 (1).

[64] 甄峰. 城乡一体化理论及其规划探讨 [J]. 城市规划汇刊，1998 (6).

[65] 李铁生. 基于共生理论的城乡统筹机理研究：访浙江工商大学教授、经济学博士郝云宏 [J]. 经济师，2005 (6).

[66] 胡锦涛在省部级主要领导干部提高构建社会主义和谐社会能力专题研讨班开班式上讲话 [N]. 人民日报，2005-02-20 (1).

[67] 构建社会主义和谐社会问题研究课题组. 构建社会主义和谐社会与城乡统筹发展 [J]. 经济研究参考，2005 (21).

[68] 方创琳，宋吉涛等. 中国城市群结构体系的组成与空间分异格局 [J]. 地理学报，2005 (5).

[69] 曲亮，郝云宏. 基于共生理论的城乡统筹机理研究 [J]. 农业现

代化研究，2004 (4).

[70] 钟韵，林耿. 珠江三角洲产业扩散机制初探 [J]. 开放导报，2005 (6).

[71] 周曙东，徐志刚，封进. 加入世贸组织对我国农业的影响及对策 [J]. 农业经济问题，2000 (1).

[72] 周一星，张莉. 改革开放条件下的中国城市经济区 [J]. 地理学报，2003 (2).

[73] 宁越敏. 新城市化进程：90 年代中国城市化动力机制和特点探讨 [J]. 地理学报，1998 (5).

[74] 夏安桃，许学强等. 中国城乡协调发展研究综述 [J]. 人文地理，2003 (5).

[75] 卢巧玲. 城乡统筹是解决“三农”问题的新出路 [J]. 北方经济，2005 (5).

[76] 曾业松. 城乡统筹是解决“三农”问题的根本途径 [J]. 当代思潮，2004 (3).

[77] 张燕. 城乡统筹与我国农业产业化发展 [J]. 开发研究，2005 (2).

[78] 黄衍电. 城乡协调发展的障碍及其财税对策 [J]. 中国财政，2004 (8).

[79] 刘建立. 城乡协调发展对城镇化的影响及对策 [J]. 江西农业大学学报 (社会科学版)，2006 (3).

[80] 何忠伟. 中国农村城镇化的必要性与实现路径 [J]. 乡镇企业，2003 (8).

[81] 刘总理，李养生. 我国农村剩余劳动力大量积存的理性分析 [J]. 理论导刊，2005 (5).

[82] 中国社会科学院人口与劳动经济所农民收入课题组. 农村大量资金流出必须给予重视 [R]. 经济参考报，2002-12-11.

[83] 刘曼抒．农民工素质全方位提高的重要意义及对策 [J]．社会科学战线，2005 (4)．

[84] 王焕清．城乡义务教育均衡发展的财政保障问题研究 [J]．南华大学学报（社会科学版），2006 (1)．

[85] 王瑾．城镇化建设对城乡统筹的促进机理研究 [J]．生产力研究，2005 (3)．

[86] 黄雪．城市化进程中农村教育存在的问题及解决对策 [J]．甘肃农业，2006 (9)．

[87] 蔡月芝．从城乡二元结构反思我国现代化进程 [J]．中国科技信息，2006 (2)．

[88] 何森林．从自由、平等与差别角度探析教育不公平现象及其社会成因 [J]．云南电大学报，2007 (1)．

[89] 申家龙．当前制约农村职业教育发展的外部社会环境因素和对策 [J]．职教通讯，2002 (8)．

[90] 罗映秋．对新时期农村成人教育的思考 [J]．云南农业，2006 (3)．

[91] 王宗科．发展农村成人教育是实现农村全面小康的重要举措 [J]．继续教育研究，2005 (1)．

[92] 季铁军．关于建设生态省的环境教育对策 [J]．漳州师范学院学报（哲学社会科学版），2003 (3)．

[93] 仰和芝，张德乾．国际环境教育目标发展对构建中国农村环境教育目标的启示 [J]．世界农业，2007 (4)．

[94] 安艳玲，赵忠勇，陆根法．环境信息非对称性对中国农村环境保护的挑战 [J]．农业环境与发展，2002 (3)．

[95] 许小东，蒋雪芹．基于公共物品理论的人力资源管理 [J]．人才开发，2004 (7)．

[96] 武青艳．加强农村环境教育促进农村可持续发展 [J]．教育研究，

2006 (8).

[97] 武青艳. 我国农村生态环境问题探析 [J]. 沈阳建筑工程学院学报, 2004 (1).

[98] 朱晓华, 王建, 汪洋. 我国环境教育现状与若干发展建议 [J]. 西藏大学学报, 2001 (3).

[99] 吕宏, 杨永胜. 加入 WTO 对我国农产品国际竞争力的影响及对策 [J]. 农业经济, 2001 (10).

[100] 李闽榕. 加入 WTO 对我国农产品国际竞争力的影响及对策探讨 [J]. 福建农业学报, 2002 (4).

[101] 国务院研究室农业培训考察组. 荷兰、法国农业产业化经营与农业宏观管理 [J]. 中国农村经济, 2000 (1).

[102] 韩俊. "入世"呼唤提高农产品国际竞争力 [J]. 农村工作通讯, 2000 (1).

[103] 贾保华. 加入 WTO 对中国农业的新挑战 [J]. 福建改革, 2000 (3).

[104] 朱泽. WTO 与我国农业政策调整 [J]. 学习·研究·参考, 2000 (2).

[105] 栾婕. 美国对中国农产品贸易顺差迅速扩大 [N]. 中国经济时报, 2002-06-17.

[106] 龚震. 农产品出口必须跨越绿色壁垒 [N]. 国际商报, 2002-07-31.

[107] 张晓群, 陈宝峰. 加入 WTO 与我国农业结构调整对策 [J]. 中国农业大学学报 (社会科学版), 2002 (1).

[108] 王农, 白清云, 张洪生, 等. 加入 WTO 中国农业生态环境保护对策 [J]. 世界农业, 2003 (9).

[109] 王元京. 建立城乡统筹教育发展长效机制的思考 [J]. 内蒙古教育, 2007 (3).

［110］张宏宇．建立以市场为导向的农村职业教育体系［J］．学习论坛，2006（4）．

［111］张放平．建设农村小康社会的必由之路［J］．当代教育论坛，2005（7）．

［112］胡凤英．建设社会主义新农村与农村成人教育创新［J］．职教通讯，2006（10）．

［113］刘鲁庆．论知识经济与农村教育［J］．中国成人教育，2002（4）．

［114］谢维和．教育公平与教育差别：兼谈教育改革与发展的深层次矛盾［J］．人民教育，2006（6）．

［115］苏君阳．教育均衡：从政策理念到政策行动的反思［J］．中国党政干部论坛，2005（12）．

［116］翟博．教育均衡发展：理论、指标及测算方法［J］．教育研究，2006（3）．

［117］申仁洪．教育均衡发展的困境与对策［J］．华南师范大学学报（社会科学版），2003（2）．

［118］贝世琴．教育均衡发展与区域改革实践［J］．吉林教育（综合版），2007（2）．

［119］叶玉华．教育均衡化的国际比较与政策研究［J］．教育研究，2003（11）．

［120］吴开俊，黄家泉．教育均衡化发展：理想与现实的抉择［J］．西北师大学报（社会科学版），2003（4）．

［121］李杰，廖楚晖．教育均衡与中国区域间收入分配［J］．中南财经政法大学学报，2006（5）．

［122］白雪梅．教育与收入不平等：中国的经验研究［J］．管理世界，2004（6）．

［123］刘海英，赵英才．中国经济增长中人力资本积累的均衡性选择

[J]. 中国软科学，2005 (9).

[124] 白雪梅，赵松山. 关于基尼系数计算方法的改进 [J]. 上海统计，1994 (11).

[125] 宁熙，朱晓明. 残缺的人力资本产权对区域经济增长的影响 [J]. 生产力研究，2005 (8).

[126] 安艳玲，陆根法. 解决中国农村环境保护信息非对称性的方法探索 [J]. 环境污染与防治，2003 (2).

[127] 王华. 污染控制的信息手段及其在中国的应用 [J]. 中国环境科学，2000 (3).

[128] 丁学东. 农业及农村经济形势分析与财政支农方式调整 [J]. 财政研究，2001 (9).

[129] 吴宏宇，姚引妹. 经济发达地区欠发达乡村剩余劳动力的转移 [J]. 人口与计划生育，2005 (7).

[130] 任保平. 经济全球化背景下的可持续发展 [J]. 兰州大学学报 (社会科学版)，2003 (5).

[131] 杨金土. 经济全球化条件下中国教育的类型结构问题 [J]. 河南职技师院学报 (职业教育版)，2001 (6).

[132] 周晚田，马铭. 经济全球化与环境教育 [J]. 济南大学学报，2003 (2).

[133] 宋金发，刘慧玉. 跨区域职业教育合作办学的实践与探索 [J]. 中国农村教育，2006 (11).

[134] 黄映辉，张正河. 劳动力城乡统筹的政治经济学分析 [J]. 中国农业经济评论，2005 (2).

[135] 黄映晖，张正河. 农村劳动力再生产成本变动分析：以河南省552个农户为例 [J]. 中国农村观察，2004 (6).

[136] 李建民. 中国劳动力市场多重分割及其对劳动力供求的影响 [J]. 中国人口科学，2002 (2).

[137] 肖文韬. 户籍制度保护了二元劳动力市场吗 [J]. 中国农村经济，2004 (3).

[138] 姚先国，赖普清. 中国劳资关系的城乡户籍差异 [J]. 经济研究，2004 (7).

[139] 张车伟，蔡防. 就业弹性的变化趋势研究 [J]. 中国工业经济，2002 (5).

[140] 王德勇. 论城乡统筹发展中城市对农村的带动作用 [J]. 中国科技信息，2005 (6).

[141] 胡风英. 论建设新农村时代农村成人教育创新 [J]. 江苏广播电视大学学报，2006 (4).

[142] 潘光. 农民教育要创新 [N]. 中国教育报，2005-01-27 (3).

[143] 边庆利. 关注人的命运与发展：欧洲成人教育考察散记 [N]. 中国教育报，2005-02-04 (6).

[144] 胡风英. 论构建农村教育重中之重的保障机制 [J]. 镇江高等专科学校学报，2004 (3).

[145] 李兵. 论经济全球化与可持续发展的关系 [J]. 山东财政学院学报（双月刊），2001 (5).

[146] 田小飞. 论经济增长方式转变中的农村职业教育 [J]. 职业技术教育，2000 (4).

[147] 任保平. 论中国的二元经济结构 [J]. 经济与管理研究，2004 (5).

[148] 建林. 论中国农村环境生态悖论现象的主要特点 [J]. 求索，2006 (6).

[149] 叶谦吉，于法稳. 人·自然·社会：生态悖论思考之一 [J]. 生态经济，1997 (1).

[150] 王国平. 环境保护与中国农村社区机制的选择 [J]. 求索，2004 (4).

[151] 乌东峰. 市场配置与农村社区机制调节 [J]. 社会科学战线，

2005（1）.

［152］乌东峰．论农村社区机制与农村生态环境保护［J］．学术论坛，2005（1）.

［153］贺建林，陈桂香．我国生态环境恶化的理性思考［J］．中国生态农业学报，2005（3）.

［154］张静．农村成教在社会主义新农村建设中的作用［J］．中国成人教育，2006（8）.

［155］张寅清，白浔．农村成人教育：21 世纪成人教育发展的支点［J］．中国成人教育，2004（4）.

［156］陈建华．农村成人教育与科学发展观［J］．中国农村教育，2005（3）.

［157］蒋嵘涛，李琳．农村城市化建设与农村人力资源开发研究［J］．云梦学刊，2005（4）.

［158］邹薇，张芬．农村地区收入差异与人力资本积累［J］．中国社会科学，2006（2）.

［159］崔平．农村环境教育的几点构想［J］．中国成人教育，2001（2）.

［160］彭广荣．农村经济走势与农村成人教育的展望［J］．成人高等教育，2006（1）.

［161］张翠红，姜惠莉．农村人力资源开发与农村成人教育［J］．河北师范大学学报（教育科学版），2006（3）.

［162］李恺，李崇光，余斌．农村人力资源开发与农村经济发展的关系分析［J］．农业现代化研究，2004（1）.

［163］万举．农村人力资源开发与当前农村经济发展的关系分析［J］．郑州航空工业管理学院学报，2002（6）.

［164］王德海，张克云．我国农村人力资源开发的现状及战略选择［J］．农业经济问题，2001（9）.

[165] 李治邦．农村教育与农村人力资源开发 [J]．农村经济，2001 (11)．

[166] 李恺，李崇光．农村人力资源开发的现实意义及对策 [J]．农村经济与技术，2003 (8)．

[167] “完善农村义务教育财政保障机制”课题组．农村义务教育普及水平对城乡收入差距的影响 [J]．教育研究，2005 (9)．

[168] 洪绂曾．农村职业教育是城乡统筹发展的重要着力点 [J]．中国职业技术教育，2005 (204)．

[169] 孙守谋，踪家峰．农业的环境保护及对策探讨 [J]．污染防治技术，2004 (3)．

[170] 刘雪，傅泽田．我国农业生产的污染外部性及对策 [J]．中国农业大学学报（社会科学版），2000 (3)．

[171] 徐春培，许吉定．谈农业环境污染及其防治 [N]．环境周报，2000-10-13 (4)．

[172] 侍建曼．全面建设小康社会与农村成人继续教育探讨 [J]．煤炭高等教育，2003 (6)．

[173] 蒋永穆，马雪峰．农业产业化与农业产业结构调整 [J]．经济体制改革，2001 (5)．

[174] 黄俊装，廖育恒．社会主义新农村建设的环境问题探析 [J]．法制与经济，2007 (5)．

[175] 万本太．落实“行动计划”着力解决农村 5 大环境问题 [J]．环境保护，2007 (1)．

[176] 王冬冬．新农村建设的环境问题 [J]．洛阳师范学院学报，2006 (12)．

[177] 刘玉琼．社会主义新农村建设的环境问题探析 [J]．农业经济，2006 (11)．

[178] 李定．实现我国教育均衡发展的量化分析 [J]．中共中央党校学

报，2006（1）.

［179］黄小舟. 实行城乡统筹发展是实现我国剩余劳动力转移的有效途径［J］. 湖北经济学院学报（人文社会科学版），2005（2）.

［180］付海英，郝晋珉，朱德举，等. 市域城乡统筹现状评价及其影响因素关联分析［J］. 农业技术经济，2006（5）.

［181］范新成. WTO条件下农业产业结构调整的难题与对策研究［J］. 财贸经济，2003（2）.

［182］段娟，鲁奇，文余源. 我国区域城乡互动与关联发展综合评价［J］. 中国人口·资源与环境，2005（1）.

［183］李岳云，陈勇，孙林. 城乡统筹及其评价方法［J］. 农业技术经济，2004（1）.

［184］马建富. 舒尔茨反贫理论与农村职业教育反贫策略的选择［J］. 河北师范大学学报（教育科学版），2006（4）.

［185］陶应虎，叶依广. 统筹城乡的国际经验及启示［J］. 农村经济，2006（10）.

［186］王行伟，赵晔. 统筹城乡的国际经验借鉴及政策选择［J］. 党政干部学刊，2006（4）.

［187］廖信林，周加来. 统筹城乡经济发展的制约因素分析［J］. 山东省农业管理干部学院学报，2007（2）.

［188］林小珠，林成辉. 推进农业信息化深化农村成人教育［J］. 中国职业技术教育，2006（15）.

［189］华国荣. 推进区域教育均衡发展的策略与实践［J］. 教育发展研究，2003（1）.

［190］王洋. 我国城乡统筹发展的国际理论借鉴［J］. 科技资讯，2006（27）.

［191］郦昕阳. 我国地区经济和教育均衡发展问题初探［J］. 浙江海洋学院学报（人文科学版），2006（2）.

［192］赵涤非．我国农村剩余劳动力跨地区转移的历史阶段和制约因素分析［J］．农业经济，2005（6）．

［193］谢伟．我国农业环境保护如何应对WTO的挑战［J］．农业环境与发展，2002（3）．

［194］苍靖．现代农业环境问题的本质及其控制与管理的经济学探讨［J］．商业研究，2006（6）．

［195］邓存平．小康社会农村成人教育办学模式初探［J］．中国农村教育，2006（3）．

［196］李宗华．新农村新农民新成教［J］．中国农村教育，2006（6）．

［197］黄白．新农村教育特点初探［J］．河池学院学报，2006（6）．

［198］吴明亮，孙松林，谢方平，等．新形势下发展农村成人教育的思考［J］．高等农业教育，2006（3）．

［199］刘在洲．农业院校在高等教育通向农村中的历史使命［J］．高等农业教育，2001（2）．

［200］杨洲，罗锡文，段洁利．高等教育大众化与农业工程人才培养思考［J］．高等农业教育，2002（9）．

［201］张建伟．新形势下农村成人教育发展探析［J］．中国成人教育，2006（9）．

［202］程建．新形势下农村成人教育工作的四大转变［J］．湖南教育，2005（22）．

［203］温习勇．影响我国教育均衡化发展的原因与矫治对策［J］．陕西理工学院学报（社会科学版），2005（1）．

［204］李银星，杨印生．影响我国统筹城乡发展的社会经济因素分析［J］．农业技术经济，2006（3）．

［205］漆向东．在城乡统筹发展中优化就业结构［J］．经济问题探索，2005（5）．

［206］张红宇．就业结构调整与中国农村劳动力的充分就业［J］．农业

经济问题，2003 (7).

[207] 黄泰岩. 逐步改变二元经济结构，实现城乡经济一体化 [N]. 光明时报，2004-02-24 (B2).

[208] 姜绍华. 有效选择城乡统筹发展的切入点 [N]. 经济参考报，2004-05-26 (A1).

[209] 张红宇. 统筹城乡经济社会发展的基本思路 [J]. 农村经济，2004 (2).

[210] 龚勤林. 论产业链构建与城乡统筹发展 [J]. 经济学家，2004 (3).

[211] 田永胜. 统筹城乡重在以城带乡 [N]. 光明时报，2004-03-08 (C1).

[212] 刘莉君. 中国城乡统筹发展模式的理论论证 [J]. 湘潭师范学院学报（社会科学版），2005 (6).

[213] 张红宇. 城乡统筹：以农民收入为中心的结构转换分析 [J]. 农业经济研究，2003 (4).

[214] 黄帝荣. 中国农村环境的劣化与动因 [J]. 求索，2006 (11).

[215] 杜习乐. 中国农村环境问题及对策方略 [J]. 濮阳职业技术学院学报，2007 (1).

[216] 段碧华. 乡镇工业的环境问题与对策 [J]. 北京农学院学报，1999 (4).

[217] 孙贵尚. 关注农村环境问题 [J]. 中国国土资源经济，2005 (4).

[218] 张玉芳. 农村环境问题及对策 [J]. 农村科技开发，2004 (2).

[219] 檀建国. 我国农村环境问题及防治对策管见 [J]. 河北建筑科技学院学报（社科版），2005 (2).

[220] 陈顺平. 小城镇建设中的环境问题及其对策 [J]. 首都师范大学学报（自然科学版），2006 (1).

[221] 柴世伟，曾超，王文强，等. 中国农业环境与可持续农业 [J]. 环境科学与技术，2005 (1).

[222] 陈珍国. 重构教育公平形态 实现教育均衡发展 [J]. 教育发展研究，2006 (7).

[223] 黄国柱. 抓好农村环境教育 [J]. 云南环境科学，1998 (2).

[224] 崔传义. 转变城乡二元经济结构改善农民进城就业环境 [J]. 中国劳动，2005 (5).

[225] 石林. 转型经济中农村富余劳动力流动与城乡统筹发展的制度障碍 [J]. 四川行政学院学报，2005 (1).

[226] 张华，王艳. 转型期我国城乡统筹发展战略研究 [J]. 北方论丛，2006 (5).

[227] 曹金焱. "入世" 后农村职业教育的改革对策 [J]. 甘肃农业，2002 (10).

[228] 金丽馥. "三农" 问题：构建和谐社会的中心内容 [J]. 江淮论坛，2006 (3).

[229] 任平. "新农村" 建设过程中教育作为的反思 [J]. 职业技术教育 (教科版)，2006 (25).

[230] 张玉林. 新世纪的农村教育危机 [J]. 中国改革 (农村版)，2004 (5).

[231] 罗佐琳. "新农村" 视野下发展农村教育的着力点 [J]. 教育情报参考，2006 (8).

[232] 黄雪. 城镇化进程中农村教育存在的问题及解决对策 [J]. 甘肃农业，2006 (9).

[233] 许丽英. 城镇化进程中农村职业教育发展的问题与对策 [J]. 东北师大学报 (哲学社会科学版)，2003 (1).

[234] 杨多才旦. 创新农村教育是建设社会主义新农村的关键环节 [J]. 攀登 (双月刊)，2006 (6).

[235] 杨广斌. 大力发展农村教育为建设社会主义新农村提供智力支持 [J]. 中国农村教育，2006 (9).

[236] 刘雅静. 大力发展农村教育 着力培养新型农民 [J]. 陕西行政学院学报，2007 (1).

[237] 王瑞香. 大力发展农村教育 加快建设社会主义新农村 [J]. 吉林教育，2006 (7).

[238] 梁秀梅. 对当前我国农村剩余劳动力转移的特征分析 [J]. 山东省农业管理干部学院学报，2005 (2).

[239] 仲岩. 对农村职业教育存在问题及发展对策的思考 [J]. 农业经济，2006 (4).

[240] 付柳林，陈剑军. 对新农村建设中农村教育发展的思考 [J]. 教育探索，2006 (10).

[241] 戴红梅. 对新农村建设中培养造就新型农民的思考 [J]. 安徽农业科学，2007 (6).

[242] 王俊. 对新农村建设中人力资源开发的思考 [J]. 北方经济，2007 (4).

[243] 丁艳华，万江红. 对中国农村教育"泛城市化"的反思 [J]. 农村经济，2007 (2).

[244] 刘怀杰. 二元社会结构下城乡教育协调发展的思考与对策 [J]. 理工高教研究，2006 (4).

[245] 余思林. 发展农村教育服务新农村建设 [J]. 中国农村教育，2007 (3).

[246] 黄健英. 发展农村教育，推动民族地区社会主义新农村建设 [J]. 民族教育研究，2006 (6).

[247] 焦建红，张悦玲，李惠，等. 发展农村教育的财政对策 [J]. 安徽农业科学，2007 (1).

[248] 朱耀善. 发展农村教育，科技是解决"三农"问题的基础 [J]. 甘肃高师学报，2005 (3).

[249] 武俊松. 发展农村教育是建设新农村的关键 [J]. 新乡师范高等

专科学校学报，2006 (6).

[250] 杨皤，冯文全．发展农村职业技术教育为新农村建设增添后劲 [J]．职业教育研究，2007 (3).

[251] 李国安．发展农村职业教育促进农村经济发展 [J]．农业经济，2006 (4).

[252] 赵炳南，朱乃芬．发展农村职业教育的基本思路与对策 [J]．农业与技术，2004 (1).

[253] 王四进．发展农村职业教育的途径 [J]．河南职业技术师范学院学报（职业教育版），2004 (6).

[254] 杨开祖．发展职业教育服务新农村建设 [J]．中国职业技术教育，2007 (8).

[255] 王兆林．反思与前瞻：城市化进程中的农村教育 [J]．教育探索，2006 (5).

[256] 谢丛银．搞好农村职业教育促进农村剩余劳动力转移 [J]．中国农村教育，2005 (6).

[257] 谢建社．构建与新农村建设相适应的农村教育管理体系 [J]．探求，2007 (1).

[258] 黄如兰，唐玉凤．关于农村职业教育课程建设的思考 [J]．河南职业技术师范学院学报（职业教育版），2006 (1).

[259] 李吉霞，张翠萍．国外环境教育特点及其对中国的启示 [J]．继续教育研究，2007 (1).

[260] 杜焕来．国外农村劳动力就业理论对我们的启示 [J]．领导科学，2007 (6).

[261] 张全瑜．环境教育内涵的探析 [J]．理论导刊，2006 (9).

[262] 张学广，王小伟．环境教育在环境管理中的作用 [J]．西安邮电学院学报，2006 (4).

[263] 黄白．基于新农村建设：农村教育研究新进展 [J]．河池学院学

报，2007（1）.

［264］杨文生，陈华．基于循环经济的社会主义新农村建设研究［J］．石家庄经济学院学报，2007（2）.

［265］马晓燕．加强农村职业教育是实现农村富余劳动力有序转移的基础［J］．教育与职业，2004（21）.

［266］张三元．建设社会主义新农村：现代远程教育发展的重要支点［J］．湖北广播电视大学学报，2007（2）.

［267］田强，王庆华．建设社会主义新农村的战略对策［J］．农村经济导刊，2006（6）.

［268］王行靳，潘胜．建设社会主义新农村语境下的知识农业发展对策分析［J］．西昌学院学报（自然科学版），2007（1）.

［269］曹新．建设新农村必须大力发展农村教育［J］．北京行政学院学报，2006（2）.

［270］靖国平．教育：建设新农村的奠基石［J］．湖北大学学报（哲学社会科学版），2006（4）.

［271］林小珠．教育是建设社会主义新农村的基础工程［J］．福建农林大学学报（哲学社会科学版），2006（5）.

［272］时天生．教育要为新农村建设服务［J］．中国农村教育，2006（6）.

［273］杨德广．经济全球化与教育国际化［J］．中国高教研究，2002（3）.

［274］李文娟．经济全球化与教育国际化［J］．海南师范学院学报（人文社会科学版），2002（4）.

［275］钱丽霞．可持续发展教育：促进基础教育改革的新理念［J］．全球教育展望，2006（8）.

［276］刘丽丽．可持续发展战略中环境教育的实施［J］．哈尔滨师范大学自然科学学报，2006（1）.

［277］姚春梅，朱强．论地方高校服务新农村建设的战略选择［J］．黑龙江高教研究，2007（4）.

[278] 杜乐其．论高校在社会主义新农村建设中的角色扮演 [J]．安徽农业科学，2007（4）．

[279] 王惠清．论可持续发展理念下的环境教育 [J]．湖南第一师范学校学报，2006（2）．

[280] 皮江红．论农村职业教育与农村现代化的互动 [J]．河南职业技术师范学院学报（职业教育版），2005（6）．

[281] 史万兵，邓永刚，苏黎．论我国农业现代化进程中农村职业教育发展对策 [J]．辽宁农业科学，2003（6）．

[282] 张扬，高斐．论转移农村剩余劳动力与建设社会主义新农村 [J]．安徽农业科学，2007（8）．

[283] 王文槿．美国的农村职业教育 [J]．中国职业技术教育，2005（3）．

[284] 韩云鹏．农村富余劳动力转移与农村职业教育改革 [J]．职业技术教育（教科版），2003（22）．

[285] 李新霞，付婷婷，李健峰．农村教育：新农村建设的基石 [J]．山东省农业管理干部学院学报，2003（22）．

[286] 曾茂林．农村教育服务新农村建设功能探析 [J]．中国农村教育，2006（11）．

[287] 柳俊杰．农村教育改革的人本维度分析 [J]．教育评论，2006（3）．

[288] 蒋珊珊．农村教育：为建设社会主义新农村奠基 [J]．甘肃农业，2006（7）．

[289] 彭佑元．农村教育问题的经济学分析及其解决途径 [J]．中北大学学报（社会科学版），2005（3）．

[290] 陈士俊，王楠．农村教育与经济协调发展的问题及对策 [J]．安徽农业科学，2006（11）．

[291] 公金梅．农村教育与农民就业的关系分析 [J]．四川教育学院学报，2005（9）．

[292] 孙文学，张维新．农村人才需求结构与农村职业教育培养模式改

革［J］. 继续教育研究，2005（1）.

［293］雷亨顺，李洪娟. 农村剩余劳动力转移及其农村职业教育研究［J］. 重庆大学学报（社会科学版），2006（2）.

［294］邢大伟，沈广元. 农村职教在农村经济可持续发展中的作用［J］. 职业技术教育（教科版），2002（4）.

［295］申家龙. 农村职业教育的个人教育成本及其影响分析［J］. 职业技术教育（教科版），2004（28）.

［296］徐保安. 农村职业教育的现状和对策［J］. 职业教育研究，2004（5）.

［297］李剑富，许祥云，魏毅. 农村职业教育发展的思考［J］. 高等农业教育，2006（2）.

［298］谢玉坤. 农村职业教育发展问题及对策研究［J］. 现代情报，2002（5）.

［299］姬芳. 农村职业教育发展研究［J］. 河北科技师范学院学报（社会科学版），2004（3）.

［300］赵庶吏. 农村职业教育改革与发展中的政府职能［J］. 北京农业职业学院学报，2004（6）.

［301］许开录. 农村职业教育滑坡的原因分析及对策研究［J］. 职业教育研究，2006（1）.

［302］梁莉，冯文全. 农村职业教育课程内容存在的问题及对策思考［J］. 职业技术教育（教学版），2005（35）.

［303］李强，李淑芳. 农村职业教育课程设计取向［J］. 河南职业技术师范学院学报（职业教育版），2005（4）.

［304］孙文学，张维新，潘严俊. 农村职业教育为农民增收服务的对策探讨［J］. 继续教育研究，2005（2）.

［305］蔡克，殷锡武. 农村职业教育与农村剩余劳动力转移问题的思考［J］. 江西行政学院学报，2004（3）.

[306] 谭静，曾剑飞. 农村职业教育与农业产业化互动模式设计与选择[J]. 职业技术教育（教科版），2005（16）.

[307] 孙文学. 农村职业教育在解决“三农”问题中的作用[J]. 理论月刊，2005（7）.

[308] 曹娟玲. 农民环境教育初探[J]. 甘肃农业，2006（5）.

[309] 吴立保. 农民流动与农村职业教育[J]. 观察与思考，2005（6）.

[310] 周家军. 农业产业化与农村职业教育[J]. 职业技术教育，2000（22）.

[311] 杨艳琳，陈银娥. 农业结构调整、农业产业化与社会主义新农村建设的产业支撑[J]. 湖北经济学院学报，2007（2）.

[312] 孙文学. 农业现代化与农村职业教育[J]. 职教通讯，2002（3）.

[313] 程花琴. 农业院校在社会主义新农村建设中的作用[J]. 郑州牧业工程高等专科学校学报，2007（1）.

[314] 冯景波. 培养新农民是新农村建设的根本[J]. 农业职业教育，2006（3）.

[315] 武青艳. 普及环境教育促进可持续发展[J]. 理论界，2006（5）.

[316] 吴锦程. 浅谈建设社会主义新农村与农村教育公平[J]. 高等农业教育，2006（12）.

[317] 李元美，张红雷. 浅议新型农民培训与社会主义新农村建设[J]. 中国农村教育，2006（9）.

[318] 马庆发，董仁忠. 欠发达地区农村职业教育问题研究述评[J]. 观察与思考，2005（11）.

[319] 白中军. 区域农村教育“结构一功能”特点探析[J]. 基础教育研究，2006（1）.

[320] 徐健. 全面奔小康与农村职业教育的发展[J]. 职业教育研究，2005（2）.

[321] 蒋笃运. 让农村教育切实为新农村建设奠基[J]. 中国农村教

育，2006（5）.

［322］杨凌．日本的造村运动对我国新农村建设的启示［J］．昆明理工大学学报（社会科学版），2007（1）.

［323］徐州教育学院课题组．社会主义新农村建设中的农村教育发展对策［J］．中国矿业大学学报（社会科学版），2006（3）.

［324］时间．试论城市化过程中农村教育应具有的文化功能［J］．决策管理，2007（1）.

［325］若沙．试论农民在发展农村教育中的主体作用［J］．西安财经学院学报，2006（6）.

［326］殷晓清．谈农村职业教育不足与农村劳动力转移［J］．教育与职业，2005（33）.

［327］侯玉印．谈农村职业教育发展的障碍及对策［J］．教育与职业，2006（3）.

［328］谢学杰．提高农村教育水平支持服务新农村教育［J］．湖北教育（时政新闻），2006（9）.

［329］史振业．提高农民科学素质是建设社会主义新农村的根本［J］．科协论坛，2007（4）.

［330］姚蕾．我国城镇化进程中发展农村教育思考［J］．当代教育论坛，2006（8）.

［331］吴文浩．我国工业化过程中的农村职业教育需求［J］．北方经济，2006（9）.

［332］曹晔．我国农村经济特点与农村职业教育［J］．中国职业技术教育，2001（5）.

［333］程伟．我国农村人力资本投资现状对农业剩余劳动力转移的影响分析［J］．农业经济导刊，2006（9）.

［334］叶波．我国农村职业教育存在的问题及解决对策［J］．农村经济，2006（3）.

[335] 李水山．我国农村职业教育存在的主要问题与发展对策［J］．教育与职业，2004（21）．

[336] 余祖光．我国农村职业教育发展中的问题与解决思路［J］．河南职业技术师范学院学报（职业教育版），2004（5）．

[337] 金瑁，赵鹏程，黄育云．我国农村职业教育面临的挑战和对策［J］．西南交通大学学报（社会科学版），2005（5）．

[338] 雷世平．我国农村职业教育体制政策及其思考［J］．职业技术教育（教科版），2005（4）．

[339] 汤生玲．我国三类地区农村职业教育的比较研究［J］．职业技术教育（教科版），2004（22）．

[340] 王玲，霍文冕，康琛丽，等．西部农村中小学环境教育问题浅析［J］．安徽农业科学，2007（6）．

[341] 李剑富，郭金丰．新阶段新农民培育问题探讨［J］．江西农业大学学报（社会科学版），2006（1）．

[342] 李剑富，郭金丰．新农村、新农民与农村教育［J］．商业研究，2006（21）．

[343] 史宁，陈业华．新农村建设背景下的农村人力资源开发［J］．哈尔滨市委党校学报，2007（2）．

[344] 王文龙．新农村建设的核心是农村教育体制改革［J］．学术论坛，2006（12）．

[345] 付婧，李明东，熊正贤．新农村建设的核心问题：农村人力资本的提升［J］．内蒙古农业科技，2007（1）．

[346] 王春刚．新农村建设过程中的农村教育问题及对策［J］．黑龙江教育学院学报，2006（4）．

[347] 郭增荣．新农村建设需要培养高素质的农民［J］．理论研究，2007（1）．

[348] 唐桂章．新农村建设与新时期农民培训工作初探［J］．现代农业

科技，2007（8）.

［349］王瑞香．新农村建设中的教育问题及解决措施［J］．理论界，2006（8）.

［350］刘冬梅，雷玲．新农村建设中环境保护法制建设的思考［J］．安徽农业科学，2007（6）.

［351］刘尧．新农村建设中农村教育改革的几个问题［J］．职业技术教育（理论版），2007（1）.

［352］黄锡生，王江．新农村建设农村教育系统效益提升的法律保障［J］．教学与管理，2006（12）.

［353］申永霞．新农村建设中农民培训体系的思考［J］．高等农业教育，2007（3）.

［354］黄白．新农村教育是什么［J］．河池学院学报，2006（4）.

［355］莫利拉．新农村教育战略理论与战略选择思考［J］．湖南社会科学，2007（2）.

［356］卢诚．新农村视角下农民素质建设的思考［J］．南方论刊，2007（4）.

［357］祝士明，王卿．新农村职业教育分析［J］．安徽农业科学，2007（1）.

［358］许静波．新时期农村青年人力资源开发的有效途径［J］．农业系统科学与综合研究，2007（2）.

［359］肖兴安，金会平，陈万红，等．新时期农村职业教育走向分析［J］．华中农业大学学报（社会科学版），2006（5）.

［360］余祖光，张社字．新形势下我国农村职业教育的路径选择［J］．中国职业技术教育，2004（29）.

［361］胡少华，刘欣．农村劳动力转移培训应着力三大系统建设［J］．中国职业技术教育，2005（9）.

［362］朱巧玲．我国农村剩余劳动力转移的思路与对策［J］．农业经济

问题，2003（1）.

［363］谭汪洋，李盖虎，曹冰玉. 新世纪中国农村教育：对问题·原因·对策的探究［J］. 当代教育论坛，2006（6）.

［364］姜世健. 新问题、新形势、新矛盾、新取向：环境教育的发展之路［J］. 中国环境巡礼，2006（7）.

［365］戚兴朋，凌云. 新形势下农村社区教育模式的建构［J］. 湖南工业职业技术学院学报，2007（1）.

［366］张屹，祝智庭. 信息时代全球化教育的知识结构［J］. 全球教育展望，2001（11）.

［367］胡华宏. 以人为本推进社会主义新农村建设的几点思考［J］. 经济丛刊，2007（2）.

［368］叶波. 在农村经济新形势下发展农村职业教育［J］. 四川省干部函授学院学报，2006（1）.

［369］雷世平. 职业教育与农村人力资源开发［J］. 河南职业技术师范学院学报（职业教育版），2004（4）.

［370］向晓春，李竹钦. 职业教育在新农村建设中的地位和作用［J］. 安徽农业科学，2007（1）.

［371］孙艳霞. 中国城乡教育差距的政策反思［J］. 江西教育科研，2006（1）.

［372］Becker，Gary S. *Human Capital*：*A Theoretical and Empirical Analysis*，*with Special Reference to Education*. New York：Columbia University Press，1964.

［373］Chan，Kam Wing，Li Zhang. *The Hukou System and Rural-urban Migration in China*：*Processes and Changes*. The China Quarterly，1999.

［374］De Brauw Alan，Scott Rozelle. *Reconciling the Returns to Education in Rural China*. Unpublished Manuscript，2004.

[375] Gregory R G, Xin Meng. *Wage Determination and Occupational Attainment in the Rural Industrial Sector of China*. Journal of Comparative Economics, 1995.

[376] Heckman James J, Solomon Polachek. *Empirical Evidence on the Functional Form of the Earnings Schooling Relationship*. Journal of the American Statistical Association, 1974.

[377] Johnson D Gale. *Provincial Migration in China in the* 1990*s*. China Economic Review, 2003.

[378] Knight, John, Lina Song. *Increasing Urban Wage Inequality in China: Extent, Elements and Evaluation*. Economics of Transition, 2003 (4).

[379] Mincer, Jacob. *Schooling, Experience and Earnings*. New York: Columbia University Press, 1974.

[380] Park Albert, Song Xiaoqing, Zhang Junsen, et. *The Growth of Wage Inequality in Urban China*, 1988 *to* 1999. Ann Arbor, MI: Department of Economics, University of Michigan, 2004.

[381] Yang Dennis Tao. *China's Land Arrangement s and Rural Labor Mobility*. China Economic Review, 1997 (18).

[382] Zhao Yaohui. *Leaving the Countryside: Rural to Urban Migration Decisions in China*. American Economic Review, 1999.

[383] Zhao Yaohui. *Rural-to-Urban Labor Migration in China: the Pat and the Present*. Rural Labor Flows in China. Berkeley: University of California Press, 2000.

[384] Zhao Yaohui. *Labor Migration and Earnings Differences: the Case of China*. Economic Development and Cultural Change, 1999.

[385] Zhao Yaohui. *Causes and Consequences of Return Migration: Recent Evidence from China*. Journal of Comparative Economics, 2002.

[386] Zhao Yaohui. *Labor Migration and Returns to Rural Education in China*. American Journal of Agricultural Economics , 1997.

[387] Yasusada Murata. *Rural-Urban interdependence and industrialization* [J]. Journal of Development Economics, 2002 (68).

[388] Junjie Wu and Bruce A Babcock. *Spatial Heterogeneity and the Choice of Instrument to Control Nonpoint Pollution* [J]. Environmental and Resource Economics, 2001 (18).

[389] Richard H Foster, Mark K McBeth . *Urban-Rural Influences In U. S. Environmental and Economic Development*. Police Rural Studies, 1996 (4).

[390] Marjan C Hiding, Andre T J Teunissen. *Beyond fragmentation: New Concepts for Urban Rural Development*. Landscape and Urban Planning, 2002 (58).

[391] Brian Deala, Damel Schunk. *Spatial Dynamic Modeling and Urban Land Use Transformation: a Simulation Approach to Assessing the Costs of Urban Sprawl*. Ecological Economics, 2004 (51).

[392] Knight J B R H Sabot. *Educational Expansion and the Kuznets Effect* [J]. American Economic Review. 1983 (73).

[393] Chiswick B. *Earnings Inequality and Economic Development* [J]. Quarterly Journal of Economics, 1971 (85).

[394] Tinbergen J. *The Impact of Education on Distribution* [J]. Review of Income and Wealth, 1972: 16 (2).